# 中國學術思想研究輯刊

八　編

林　慶　彰　主編

第23冊

# 王船山生死觀與其義理體系研究

鄭　富　春　著

花木蘭文化出版社

國家圖書館出版品預行編目資料

王船山生死觀與其義理體系研究／鄭富春 著 — 初版 — 台北縣永和市：花木蘭文化出版社，2010〔民 99〕

目 4+146 面；19×26 公分

（中國學術思想研究輯刊 八編；第 23 冊）

ISBN：978-986-254-207-1（精裝）

1.（清）王夫之 2. 學術思想 3. 生死觀 4. 研究考訂

127.15 99002447

ISBN - 978-986-2542-07-1

中國學術思想研究輯刊

八 編 第二三冊 ISBN：978-986-254-207-1

# 王船山生死觀與其義理體系研究

作　　者 鄭富春

主　　編 林慶彰

總 編 輯 杜潔祥

出　　版 花木蘭文化出版社

發 行 所 花木蘭文化出版社

發 行 人 高小娟

聯絡地址 台北縣永和市中正路五九五號七樓之三

電話：02-2923-1455 ／傳眞：02-2923-1452

網　　址 http://www.huamulan.tw 信箱 sut81518@ms59.hinet.net

印　　刷 普羅文化出版廣告事業

封面設計 劉開工作室

初　　版 2010 年 3 月

定　　價 八編 35 冊（精裝）新台幣 58,000 元 

# 王船山生死觀與其義理體系研究

鄭富春　著

## 作者簡介

鄭富春，1961年生，台灣高雄人，祖籍彰化秀水，畢業於屏東師專、國立高雄師範大學國文學系學士、碩士、博士。曾任國小教師四年，自1988年8月至輔英科技大學任教迄今。現任人文與管理學院語言教育中心專任副教授兼共同教育中心主任。主要研究領域是宋明理學、儒家生死觀與中語文教學相關論題。發表的論文刊載於《鵝湖月刊》、《宗教哲學季刊》、《輔英通識教育年刊》。

現任：副教授（2009.7～）兼共同教育中心主任（2008.10～）

經歷：1. 高雄市左營區新莊國小（1981.8～1985.7）
　　　2. 南投縣草屯鎮碧峰國小（1985.8～1985.9）
　　　3. 輔英科技大學講師（1988.8～2009.6）兼任教務處課務組組長（1996.2～1997.7）

學歷：1. 屏東師專（1976.9～1981.6）
　　　2. 國立高雄師範學院大學（1981.9～1985.6）
　　　3. 國立高雄師範大學碩士（1985.9～1988.6）
　　　4. 國立高雄師範大學文學博士（1999.9～2008.7）

學術領域：1. 宋明理學
　　　　　2. 儒家生死觀

（一）單篇論文

1.〈廣心餘情 裕於死生之際——王船山《詩廣傳》中的生死觀〉（《鵝湖月刊》四○二期，2008年12月）

2.〈王船山莊學生死觀〉（《宗教哲學季刊》四十五期，2008年9月）

3.〈安死自靖 貞魂恆存——從《楚辭通釋》看王船山的生死觀〉（《鵝湖月刊》三九二期，2008年2月）

4.〈物我一原，死生一致——船山《正蒙注》生死觀初探〉（《鵝湖月刊》三四三期，2004年1月）

（二）合著

〈輔英技術學院學生課外讀物問卷調查研究〉，第一作者唐淑貞，第二作者鄭富春（《輔英通識教育年刊》創刊號，2002年7月）

（三）其他著作：部分撰稿

《耕讀——進入文學花園的250本書》（五南出版，2007年5月二版七刷）

書目導讀撰寫：《聆聽父親》、《青色的月牙》、《圍城》共三篇

（四）未刊稿：通識教育計畫案（完成日期2005年7月）

輔英科技大學第一梯次「提昇大學基礎教育計畫」

《共同課程經典書籍導讀撰寫》：《近思錄》與《傳習錄》導讀

（五）學位論文

碩士論文：《王陽明良知學詮釋》，國立高雄師範大學國文系，1988年6月

博士論文：王船山生死觀與其義理體系研究，國立高雄師範大學國文系，2008年6月

## 提　要

本論文企望透過王船山（西元 1619 ～ 1692 年）身世及其著作，探討船山在文本中所開顯的生死議題研究，透過一本本著作的分疏切面到綜攝為一體的論述方式，掘發並闡釋船山生死觀以建構船山生死智慧，深化儒家生死觀；藉由船山生死觀的探析，契入船山的義理體系，以見其思想特色。

本論文共分八章，茲略述大要如下：

第一章〈緒論〉：說明本論文之研究動機與目的、王船山生死觀相關之界義與文獻探討、及研究範圍與研究方法。

第二章〈廣心餘情，裕於死生之際——以《詩廣傳》為切面的生死觀〉：本章環繞《詩廣傳》重情達性的氛圍上，集中論述如何才能「裕」於死生之際？在面對生死失落的達裕之道，船山提供了哪些精神資糧呢？重點如下：（一）在「裕於死生之際」的實踐工夫上，從天人繼紹、心物相值相取的工夫根源中，瞭解情的性質與功用，遂能廣心餘情以裕德，能正本清源以治情，故生命暢達無隱匿，故能坦然面對死生之際。（二）船山反對窒情、淫情、褻情與匿情，強調導情為善，自達達人。讓感情成為存在的力量，可以幫助人面對生死失落時得以安頓情志，並能助人伴人度過幽谷。（三）以文節情，盪滌惉滯之情，將負面的欲情能量轉向正面，並以廣心餘情的心量，不毗於憂樂，不失悲愉亦不陷悲愉，從容應物，不受死生命限所困，自能裕於死生之際。

第三章〈報本反始，生死盡禮——以《禮記章句》為切面的生死觀〉：本章先就船山以氣化幽明聚散往來的重氣思想，見宇宙乃富有日新之變化，非生滅之有無，故肯定形色皆貴，五色、五聲、五味皆可以是載德之物，麗物之文。其次，就闡述船山「緣仁制禮」與「仁以行禮」的精蘊，在體用本末互函的思維中，形成「仁心自覺」與「文化禮體」的辨證關係加以闡發。由仁心之本通貫到文化體之末時，本大末亦不小。因此所形成的人文喪祭禮儀的文化體，對於生者與死者的一體關懷，從抒發哀思到繼志述事，從孝親到饗親，從斷裂的喪禮到存有接續的祭禮，船山在《禮記章句》的生死觀中，凸顯報本反始、生死盡禮的特色。

第四章〈物我一原，死生一致——以《正蒙注》為切面的生死觀〉：本章就船山晚年作《正蒙注》，並自撰墓銘「希張橫渠之正學」，表明他學術思想上的自我定位及論學的歸宿，認為「貞生死以盡人道」是「張子之絕學，發前聖之蘊，以辟佛老而正人心者也」，點出橫渠「太虛即氣」的重要義蘊，氣作為實體，生死聚散，永遠同一，沒有消滅；宇宙是健動實有的存在，只有幽明之分，沒有佛老「空」「無」之說，船山肯定橫渠針對佛道二家而建立的一種儒家的本體論。在《正蒙注》一書中所彰顯的生死觀，特顯船山天人性命一貫、生死幽明合一的思想。以今日生死學的角度觀之，人欲擺脫死亡的痛苦與恐懼，提昇生命厚度與品質，船山《正蒙注》立足於宇宙情懷，安立人的價值根源，從而找到立命之道；不離日用倫常，修德以肖天的盡心存神工夫，足以達到生死一致、貞生安死之道。前者由體言用，知極於高明；後者由用顯體，行不遺於卑下，所以極高明而道中庸。

第五章〈凝神達生，能移以相天——以《莊子解》為切面的生死觀〉：本章自生死觀角度契入船山解《莊》通《莊》的義理，由微見著，其精蘊亦宏遠。船山和莊子都由推故致新的大化流行看待「死亡」問題，故「不患死」的態度，與莊子同；但主張「哀死」乃人情之真，彰顯「珍生」、「敬生」之意，如何在現世活出生命的意義與價值，尤為注重。相對的，莊子妻死鼓盆而歌的形象，與秦失弔老聃所言「安時處順，哀樂不能入」等表現，莊子「不哀死」的態度，與船山有所不同。《莊》學義理透過主體修養工夫，理當涵其「用」，而道家式的虛涵其「用」，並未予以積極的肯定與闡發，王船山引莊生之說，以通君子之道，以儒家易學氣論表詮「能移以相天」契會莊子生死之道，在莊子自然氣論的場域中，多了贊天之化的宇宙情懷與責任意識；又因為能正視性命終始、幽明不二的生死觀，故能「無不可遊，無非遊也」的立命與逍遙。

第六章〈安死自靖，貞魂恆存——以《楚辭通釋》為切面的生死觀〉：本章船山處天崩地坼的時代，青壯期的出生入死為國事奔走到幽志棲隱的著述時期，歷憂患處生死的經驗，與屈原潔芳人格處困蹇時勢的選擇，藉由《楚辭通釋》抒發屈原孤貞忠憤的作品，共同譜出生命的二重奏。面對屈原生命的一串抉擇：承擔投入、貶謫出走的不捨君國；尊生自愛、愛身全道的養生俟命到最後的持志自沈的孤忠，船山以曠世同調之情，流露在他的釋文中，寄懷之深，特別動人。本文以平行對比的方式，從《楚辭通釋》切入船山的生死觀，並試著比較船山對於道教煉養的理論在生死態度中的分位，結語如下：（一）船山秉持珍生擇義集義的道德理想，安頓有限的形軀，認為忠貞純一的志氣，長存天地間，故以此褒讚屈原之「貞魂」，表現出安死自靖，貞魂長存的生死觀。（二）道教煉性保命的養生之術，節取有方，亦是保健珍生之道，貞士既達生死之理，益不昧忠孝之心；即透達生死之理，原在實踐忠孝之道，以成就德性之芳，性天之貴。換言之，遠遊修性養命之術在安死自靖中的意義，乃以珍生養命實現性天之貴，以性天之貴裕生死之限。

第七章〈王船山生死觀與其義理體系的呼應探析〉：本章主要綜攝第二至第六章的不同著作的研究成果，建構並歸納船山全面生死觀的特色與其義理體系的呼應關係，即此生死觀所蘊涵義理體系並見船山思想精義。

在船山生死觀方面可區分三大特色：

一、在傳承與深化儒家生死觀方面：船山重氣化的天道思想，呈現重存在之流行、肯定理寓器中的理氣觀；通天人之際，在於存神盡性，繼善成性，日生日成，習與性成的性命觀；達情裕德的性情論，是面對生死失落之道的良方；自生命根源的天地乾坤與祖宗親族根脈相連的關係，船山彰顯報本反始、生死盡禮的人文與宗教精神；歸結到船山在生死關懷的議題上，貞生死以盡人道為生死觀之核心，以期達至能移以相天的終極觀。

二、在批判佛道的生死觀方面：船山物我一原、幽明一致的氣化觀，批判釋氏「分段生死」的輪迴觀；對於道家（教）養生家之「養形」觀，固命以自私，據妄為真的偏頗，提出針砭。

三、吸納消化眾家之長的生死觀方面：吸收孔孟性命仁禮思想與《易》學的氣化日新，幽明往來，建立生死觀的內核，以達到個體與群體的圓善；汲取人文教化的詩禮樂，導情為善，幽明感通，具是情志抒發與釋懷哀思的途徑；落實到形軀有限性上，船山佐以《莊》學凝神達生的工夫與道教丹道性命之功，達到保健延命與回形舒愁的逍遙自得。

從上述船山生死觀三大特色的探析中，亦充分的展現船山集大成的義理體系，已然涉及到船山學在天人、道器、理氣、乾坤、幽明、性命、群己、人我、物我、本末、體用、顯隱、兩端而一致等議題，故以圖示說明，由船山生死觀契入並呼應其義理體系。

第八章〈結論〉：現今生死學推動過程中，傾向於「詳於言死，略於言生」的「死亡學」的研究，船山生死觀特別彰顯生死智慧之「生」的深刻內容，頗值得今人借鏡。最後綜述研究成果及未來研究建議兩部分作結。

此外，本論文附錄有三種：

一、〈全國博碩士論文生死觀相關題目研究分析一覽表〉：可以見其主題分布特色。

二、〈王船山《莊子解》外雜篇各篇考釋〉：從考釋中可以見出船山對於《莊》學的義理分判。

三、〈船山簡譜及著作年表〉：提供查閱對照之用。

# 目次

# 第一章　緒　論

## 第一節　研究動機與目的

### 一、研究動機

王船山（西元 1619～1692 年）〔註 1〕身處明清之際而來的時代變遷與學術思潮變革，其特殊性在學術史上，約要言之，有其二：

首先，船山立處宋明理學的學術氛圍中，其嚴斥陸王、不滿程朱，最後歸宗橫渠的學術定位，卻又別開生面的「由本貫末」，不同於宋明儒的「由末探本」的義理方向〔註 2〕，在學術的發展上既有傳承又有其特殊性。

其次，在重氣的理學脈絡中，船山由本貫末的思想，肯定欲情的現實力量與價值〔註 3〕，與晚明一代之肯定情感的地位，若合符節，但又非縱情逞欲的蕩肆；其言「隨處見人欲，即隨處見天理」〔註 4〕、「私欲之中，天理所寓」〔註 5〕，肯定「人欲」的合理觀〔註 6〕，不貶抑欲情的態度與與清儒戴震（1723

---

〔註 1〕此後與年代相關的標示，括號中的西元二字省略。

〔註 2〕這裡所謂學術思潮的變革，是從船山對歷史的反省批判與藉由注疏作詮解態度言特殊性。船山有關「由本貫末」的說法，參見曾昭旭：《王船山哲學》（臺北：遠景出版社，1983 年），第一章〈船山義理之根本方向〉。

〔註 3〕參見第二章有關《詩廣傳》的性情論述。

〔註 4〕見《讀四書大全說・孟子梁惠王下》卷八，《船山全書》（長沙：岳麓書社，1988 年）第六冊，頁 912。

〔註 5〕見《四書訓義・孟子梁惠王下》卷二十六，《船山全書》第八冊，頁 91。

〔註 6〕船山此種「理寓欲中」，深具近代意識的理論轉化，參見姜廣輝：〈王船山的「繼善成性論」——探尋心性論新的會通點〉一文。載於輔仁大學：《王船山

～1777 年）近似，但戴震繼承了明代中葉王廷相（1472～1544 年）後天型氣學的路數，不從超越面言天道性命相貫通論人性，直接由經驗取向論及人性談欲情的路數，實則又與船山體用本末的角度不完全相同。換言之，就其與後來的清代學術以樸學爲主流的氛圍實不相同；清儒以禮代理、以自然經驗的人性爲起點的新義理走向〔註 7〕，在歸趨上接近而理路卻又不同，故言船山在學術發展史，承啓與斷裂之間有其特殊的地位。

就船山身世而言，自三十五歲至七十四歲（1653～1692 年）幽志棲隱，終身著述不懈〔註 8〕。依傳統四部分類：船山在經、史、子、集方面均留下不少的注疏廣衍傳解及評點等著作；在學術義理的闡發上，除了儒家經典的掘發闡釋外，對於道家、道教及佛家多所衍釋；同時在傳統詩文理論與鑑賞探析上亦留下豐富的寶藏，供後人參學。換言之，王船山在傳統學術（如經學史等）、哲學思想、歷史學與中國文學研究上，都占有一席重要地位。其著作之豐、心量之大、涵蓋之廣，這種近乎百科全書式的博通之人，除了朱熹之外，再也找不到第二人了。

因此，以王船山作爲研究對象，相對的挑戰性和困難度也超出一般的研究，除了上述鼎革之際的時代背景與豐沛的著作外，還有下列因素加深了研究的難度：

其一，研讀船山原典的過程，除了著作之多，旁涉之廣，幾乎遍及傳統學術各個領域外，在船山龐大的巨作與筆者知識儲備匱乏之際，消化過程備感艱辛。〔註 9〕

---

學術研討會論文集》（北縣：輔仁大學，1993 年），頁 236～244。姜氏並論及同意鄭凱堂的說法：「船山在人生論上反對『存天理，去人欲』，在認識論上贊成『存天理，去人欲』」（頁 244），區別船山有兩種理欲論，在義理的討論上才能釐清其中的分際。本文在這裡所指的船山的欲望態度是其人生論上的理欲觀。

〔註 7〕參見張麗珠：《清代的義理學轉型》（臺北：里仁書局，2006 年）一書內容。

〔註 8〕船山一生約可分爲三個時期：二十四歲前（1619～1642 年）受父兄教訓成材時期，二十四歲至三十五歲（1642～1653 年）爲國事奔走時期；三十五歲至七十四歲（1653～1692 年）歸隱著述時期。有關船山生平與時代背景，參見第六章〈安死自靖，貞魂恆存——以《楚辭通釋》爲切面的生死觀〉，第一節〈船山生死體驗與幽志棲隱〉。

〔註 9〕以閱讀《詩廣傳》爲例，初始以今人欣賞文學的角度複習《詩經》後，再看船山的《詩廣傳》，很難切入其廣論申義的脈絡中；繼之，參酌以經學注疏方面的書籍，與朱熹《詩集傳》的注解，在有關史事引申發揮上的理解，助益不少。但船山又不完全依循《詩經》大小序的解經說法，亦有其獨特見解，

其二，船山在行文脈絡之間，其立說經常不直陳己見，常藉由批評各家之說，在抑揚論辨之間，再以綜合辯證思維的方式對顯其個人獨到的觀點，這加深了理解上的困難。〔註 10〕

其三，因爲船山著作具有全面性反省與總結的特質，再加上大多以遍注群經方式立說，有「順著說」：依其原來文本的旨意發揮義涵；有「接著說」：在既有的文本上，賦予深刻的「別解」，上遂於儒家之道。亦有隨古籍之引文的疏解，同一觀念常有不同的看法，甚而出現矛盾的現象，如何準確的理解船山眞正的本意，變得格外重要。因此，船山並不是一個經學注疏型的注釋家，但無疑是對古人之說極能「創造性詮釋」的哲學家。〔註 11〕

在研讀王船山一系列的原典中，最後關注焦點放在船山的生死觀的研究上，有教學需要及學術探討兩大因素：

首先是源自儒家生死觀單元教學的需要〔註 12〕，擬透過船山生死學的研究，深化儒家生死學。在研讀船山原典這段期間，摯愛的雙親先後罹病去世，對於船山談論生死議題，感悟尤深，遂以此爲論文主題。

在學術探討上，藉由船山重要的著作中，掘發並整理其討論生死的資料，闡釋其生死觀內涵，透過這些著作的生死綱維，建構船山完整的生死觀系統。由此，契入船山的義理體系，探討船山生死觀與其義理體系的關係。

簡言之，本文的研究動機有二：

（一）在船山學領域中，透過分疏與綜攝的論述方式，掘發並闡釋船山生死觀。

（二）探討船山生死觀與其義理體系的關係。

---

亦當辨析。以上是就《詩經》系統內的研讀方式，等到讀完《周易內傳》再回到《詩廣傳》重新閱讀時，發現之前的理解仍是不足，蓋船山在《詩廣傳》上的綜論上，實包涵其全部義理，因此。對於閱讀《詩廣傳》來回二、三次的頓挫，現在看來，亦屬當然之理。

〔註 10〕例如：船山將程子「氣質之性」詮釋爲「氣質中之性」。將程子分析的概念以他「由本貫末」的綜合辯證思維的方式，解釋「氣質之性」。一方面既保留人性中氣稟的涵意，另一方面更在氣質中維持了性理作爲道德主宰的地位，因此，船山的「氣質之性」是「凝合本心與形色兩端於一」的實體。

〔註 11〕見陳祺助：《王船山「陰陽理論」之詮釋．自序》（高雄：高雄復文圖書出版社，2003 年），但其言「船山並不是一個好的註釋家」，對於船山在《周易內傳》、《禮記章句》和《張子正蒙注》方面的註釋成就，亦不能略去佳處，而言「不是好的註釋家」，頁 1。

〔註 12〕因爲筆者任教於醫護學校，在《生死學》的課堂上，主講「儒家生死觀」單元教學。

### 二、研究目的

船山一生行藏，即是出生入死的經歷，面對時代崩亂、君國之思、姦邪阻道的考驗不斷，經歷了亡國破家，在飽經憂患、出入險阻、生死考驗的歲月中，最後選擇幽志棲隱，素心不悔，終其一生抱孤憤自靖，希正學以立人極，眞正做到「歷憂患而不窮，處死生而不亂」〔註 13〕。究其一生面對生死考驗與抉擇的際遇，超乎尋常〔註 14〕，而始終以儒者忠貞人格自勵。本文企望透過船山身世及其著作，探討船山在文本中所開顯的生死議題研究，欲達到下列目的：

（一）建構船山生死智慧，深化儒家生死觀；並試著將船山生死觀放進當代生死學脈絡中對話，作爲跨文化、跨學門的整合。

（二）藉由船山生死觀的探析，契入船山的義理體系，以見其思想特色。

## 第二節　王船山生死觀與其義理體系之界義與文獻探討

### 一、生死觀界義

生死觀原本是人生哲學的一部分，如何由「人人終必死亡」的事實，接受死亡的事實，超越死亡的負面陰影，獲致安身立命之道？這生死議題的討論，面對生命與死亡的態度，人生終極關懷的問題，無不是各大宗教修行與古今中外哲人的智慧所在。

生死學門的出現雖是晚近之事，卻很快的成爲當代人注目的焦點，這與工業科技的進步，經濟的便利繁榮，醫療設備的充實，在人類整體的物質生活上的確看到改善的進程，但相對的，負面的流弊由於緊湊的生活而來的忙、盲、茫，人際關係的疏離，資訊暴量莫衷一是，在無法自我肯定、安立生命價值時，就很容易隨生活擺盪，成爲無根的漂流者。

自生活品質與生命意義價值的角度，探看與生死相關的現實問題與終極關懷，在人人終必一死、醫療救治（cure）有時而盡的時候，關懷照顧（care）的醫療呼聲也就應運而生〔註 15〕，因此，「生死學」之所以成爲新近熱門的學

〔註 13〕見《周易外傳》，卷七〈雜卦傳〉，《船山全書》第一冊，頁 1114。

〔註 14〕見第五章〈安死自靖，貞魂恆存——從《楚辭通釋》看王船山的生死觀〉，第一節〈船山生死體驗與幽志棲隱〉內容。

〔註 15〕人之從世界衛生組織（WHO）對安寧療護所下的定義，就可以明曉 cure 到 care 的轉變過程。其定義爲：「對治癒性治療已無反應及利益，具生命威脅

問，不是沒有原因的。

「生死學」一辭源自傅偉勳（1933～1996 年），他於 1993 年中在臺灣出版了一部著作《死亡的尊嚴與生命的尊嚴——從臨終精神醫學到現代生死學》，曾自述原由：

> 本書的一個特色是在，從科際整合的宏觀角度把「死亡學」聯貫到精神醫學、精神治療、哲學、宗教學乃至一般科學（如心理學與文化人類學），以便提示「死亡學」研究的現代意義。本書的另一特色是在，我從美國現有的「死亡學」研究成果，再進一步配合中國心性體認本位的生死智慧，演發一種我所說的「現代生死學」，且根據「生死是一體兩面」的基本看法，把死亡問題擴充爲「生死問題」，即死亡的尊嚴與生命的尊嚴息息相關的雙重問題，如此探討現代人的死亡問題的精神超克，以及生死的終極意義。這是我所以稍改原先書名（《死亡的尊嚴——現代人的死亡問題及其精神超克》），定爲《死亡的尊嚴與生命的尊嚴——從臨終精神醫學到現代生死學》的主要理由。〔註 16〕

從這段文字的敘述中，傅偉勳秉持「生死是一體兩面」和「中國心性體認本位的生死智慧」的觀點，將西方狹義的「死亡學」〔註 17〕，擴大爲廣義的「現代生死學」，後來在他另一文中，更進一步的指出《死亡的尊嚴與生命的尊嚴

---

疾病病整體積極的照顧。病人此時給予疼痛控制及其他症狀的緩解，再加心理層面、社會層面及靈性層面之照顧更爲重要。安寧療護的目標是協助病人及其家屬獲得最佳的生活品質。安寧療護的某些方式甚至在病人罹病的早期也可適用。例如：抗癌治療與症狀緩解治療同時進行。」WHO 對其所下的安寧療護的定義又作了更進一步的解釋：「安寧療護肯定生命的意義，但同時也承認死亡爲自然過程。人不可加速死亡，也不需無所不用其極、英雄式的拖延死亡過程。醫療團隊協助病人緩解身體上痛苦的症狀，同時提供病人及家屬心理及靈性上的支持照顧，使病人達到最佳生活品質，並使家屬順利渡過哀傷期。」轉引自趙可式：《安寧伴行》（臺北：天下遠見出版股份有限公司，2007 年），頁 144～145。這也就是安寧療護概念——四全照顧的內涵：包括全人（身體、心理、靈性）照顧、全家照顧、全程照顧、全隊照顧。

〔註 16〕傅偉勳：《死亡的尊嚴與生命的尊嚴》（臺北：正中書局，1993 年），自序頁 20～21。

〔註 17〕死亡學主要都立足於科學領域，包括自然科學、健康科學及社會科學。傅偉勳針對死亡學所關注的課題，列出了九項：重症醫學、醫學倫理學、臨終精神醫學、死亡宗教學、藝術治療學、兒童心理學、醫務管理學、死亡文化學以及集體死亡等。內容詳見上註書，頁 19～24。

——從臨終精神醫學到現代生死學》一書偏重「個體死亡學」（individual thanatology）是較狹義的生死學探索，依他「生死學三部曲」的構想，廣義的生死學應該包括以下三項：

> 第一項是面對人類共同命運死亡挑戰，表現愛之關懷的（我在此刻所要強調的）「共命死亡學」（thanatology of shared destiny）……第二項是環繞著死後生命或死後世界奧秘探索的種種進路……第三項是以「愛」的表現貫穿「生」與「死」的生死學探索，即從「死亡學」（亦即狹義的生死學）轉到「生命學」，面對死的挑戰，重新肯定每一單獨實存的生命尊嚴與價值意義，而以「愛」的教育幫助每一單獨實存建立健全有益的生死觀與生死智慧。爲此，現代人的生死學探索，應該包括古今中外的典範人物有關生死學與生死智慧的言行研究……，督導此一探索理路的我國本土意味的探索理念（即督導原理），則是以我最近所強調的「心性體認本位」生死觀與生死智慧爲中心內容。……「心性體認本位」的生死學探索理念，乃是基於生命最高層面，亦即實存主體、終極關懷、終極眞實三大相關層面上儒道佛三家所共通而分享的哲理……。〔註18〕

傅偉勳的第三項的觀點開啓華人地區聖哲賢人的「生死觀」、「生命學」、「生死智慧」等主題的研究，其推動之功不可沒。在紐則誠編著 2005 年出版的《生死學》一書中，曾感慨言：

> 經過了十二年的發展，做爲「狹義的生死學」的「死亡學」，在臺灣已經推廣普及，光是入門教科書就有很多種（余德慧、石佳儀，2003 年；呂應鐘，2001 年；曾煥棠，2004 年；紐則誠、趙可式，胡文郁，2001 年；劉作楫，2003 年；尉遲淦，2001 年），再加上學術論著（陶在樸，1999 年；張淑美，1996 年；曾煥棠，2003 年），林林種種，可謂盛況空前。相形之下，做爲「廣義的生死學」一部分的「生命學」之成長，卻顯得相對遲緩許多；大陸哲學學者鄭曉江，是少數長期有系統探討中國生死哲學有所成就者。環顧臺灣在地生死相關論述成長發展的情形，筆者認爲有必要建構以中國生命學爲核心的「華人生死學」。「華人生死學」屬於古典「中國人生哲學」轉化而

〔註18〕見傅偉勳：〈論人文社會科學的科際整合探索理念暨理路〉，《佛光學刊創刊號》，1996 年。

來的後現代「華人應用哲學」。〔註19〕

從傅偉勳與鈕則誠相繼呼籲的這二段文字中，賦古典哲學以時代新義，本就是意義詮釋的必要發展，本文研究船山生死觀即以船山的「生命學」爲核心，去理解與詮釋船山對於生活、生命及整體「人生」的看法與態度，透過幽明一致、生死互滲的觀點，探究王船山的生死觀特色。

論題不以「生命觀」或「生命學」作爲命題，蓋著重在船山重「氣」與重存在的幽明死生之際的理論與實踐。故以「生死觀」命題，更可以見其終極關懷不同於宋明理學中程朱重「理」與陸王重「心」的特色，而有其特殊含義及地位。

本文雖以廣義的生死學爲研究的氛圍，但與現代西方「死亡學」（狹義的生死學）的議題相涉不多，主要側重在呈顯王船山的生死觀及生死智慧上，故論述的重點以船山義理的意義詮釋爲主，對於由此延伸或涉及現代生死學方面的內容，則以註釋標出。

## 二、義理體系界義

本文使用「義理體系」之詞，乃奠基於研究中國傳統思想的義理之學。傳統的義理之學，相較於西方哲學文本之問題性、系統性雖不集中顯明，但其義理思想內涵融滲於具體生命存在的處境中，散見於各種不同的文本（經典、語錄、詩文、書信及傳注疏釋廣衍等），雖不以縝密的邏輯性與系統性見長，但並不意味這些文本缺乏哲思與義理綱維，本論文重點在研究船山的生死觀，從船山不同的著作中所開展的不同面相，一一疏解生死相關的觀念，

〔註19〕見鈕則誠、趙可式、文郁編著：《生死學》（臺北：國立空中大學，2005年），頁5～6。按：如今再經過二、三年，就筆者的觀察，除了鄭曉江：《中國生命學——中華賢哲之生死智慧》（臺北：揚智文化事業股份有限公司，2005年）；及其《生死學》（臺北：揚智文化事業股份有限公司，2006年）。鄭志明目前出版的《佛教生死學》、《道教生死學》（臺北：文津出版社有限公司，2006年）亦著力頗深。若就更寬鬆的「生死觀」、「生死智慧」、「生命觀」、「生命思想」作爲學術論文題目，筆者就臺灣全國博碩士論文資訊網，目前（2008年3月23日）查詢到共有四十篇，博士論文二篇：一爲道家，一爲佛教，餘則三十八篇碩士論文。在分類上，有二篇跨類，故分類篇數共四十二篇：儒家五篇，道家道教十三篇，佛教十一篇，其他類十三篇，內括文學人物七篇。年度分布：民國70～79年三篇；80～89年十二篇；90～99年二十五篇。系所分布有中文系（含國文、文學、語文系所）十七篇；生死學八篇；哲學系六篇；教育系所五篇；宗教系所三篇；英語所一篇。詳盡資料分析請見附錄一〈全國博碩士論文生死觀相關題目研究分析一覽表〉。

由此端體契入義理體系之本源，以見其生死觀與其義理體系之間的呼應關係。

## 三、文獻探討

在船山學的專著或學位論文的研究中，有關於船山生死觀的研究大多是零散出現在隨文衍義的論述中，如曾昭旭的《王船山哲學》在第三編第五章〈船山之人文化成論〉由闡述性日生日成時，述及船山生死之道，亦有不少的精義蘊藏其中。陳來在《詮釋與重建——王船山的哲學精神》〔註 20〕，第十章特別以《正蒙注》的思想宗旨〈貞生死以盡人道〉表述船山的生死觀，後以綜述論題〈王船山《正蒙注》的終極關懷〉刊出〔註 21〕。陳贇在《回歸眞實的存在——王船山哲學的闡釋》第七章〈天地之始終與性日生日成：時間的存在與存在的時間性〉特別討論到〈時間視域中的生死現象〉〔註 22〕，以時間意識與存在的場域，從生命傳承的縱面與同時具處的空間橫面探討船山生死現象，其綜論具有理論的深度。

在船山學專著中，從佛道方面切入的生死探討，主要的研究書籍以莊學居多。這與《莊子》文本有關。船山有關道家著作有《老子衍》、《莊子通》、《莊子解》；佛學著作有《相宗絡索》；道教方面有《愚鼓詞》〈十二時歌〉；就目前研究現況而言，直接以生死觀爲主要議題並不多，或放在船山的人生觀脈絡，或以宗教信仰帶出船山的生死觀。前者如吳立民、徐蓀銘著《船山佛道思想研究》〔註 23〕，後者如嚴壽澂著〈莊子、重天與相天——王船山宗教信仰述論〉〔註 24〕，從宗教角度論述還有一篇朱喆著〈船山宗教哲學思想述評〉。〔註 25〕

在學位論文方面立節討論船山有關生死方面的議題爲施輝煌的《王船山四書學之研究》在其第四章〈船山之論語學〉，第二節〈論天命〉談到生死問題，呈顯《四書》學言生死方面的議題〔註 26〕。在闡釋方面稍嫌薄弱。

---

〔註 20〕見其書頁 291～295，北京：北京大學出版社，2004 年。

〔註 21〕資料來源《中國思想史研究通訊》第四輯，由網路取得，網址爲 http://www.philosophydoor.com/Guoxue/1424.html（查詢日：2007 年 9 月 11 日）。

〔註 22〕見其書頁 290～310，上海：復旦大學出版社，2002 年。

〔註 23〕長沙：湖南出版社，1992 年。

〔註 24〕見《中國文哲研究集刊》第十五期，1999 年 9 月，亦收入作者《近世中國學術通變論叢》（臺北：編譯館，2003 年）。

〔註 25〕見《宗教哲學》八卷一期（二十七期），2002 年 1 月。

〔註 26〕見其書頁 118～123，中山大學中文研究所，2007 年。

目前在單篇論文中，有關船山生死觀的討論，有以下數篇：

（一）李維武：〈王夫之論「生」與「死」〉〔註 27〕

（二）鄭曉江：〈論王船山的生死哲學〉〔註 28〕

（三）楊雄：〈貞生死以盡人道——王船山對張載「存順沒寧」生死觀的繼承與發展〉〔註 29〕

（四）朱理鴻：〈論王船山的生死觀及其現代價值〉〔註 30〕

綜合上述，不管就船山學專著中零星散見的生死衍義、或標立章節討論、或直接以船山生死觀為主要課題，其研究船山的生死觀，研究的材料大多從船山的重要著作：船山易學系統〔註 31〕、四書系統〔註 32〕、子部著作〔註 33〕、或佛道著作方面討論之。在探討船山的生死觀的方式，有綜論方式、亦有集中一冊如《正蒙注》分論船山的生死觀。就全面性探討船山的生死觀方面而言仍有所不足。因此，本文在既有的學術成果上，繼續深化船山的生死觀及其義理體系研究，對於一般人所忽略的船山經部《詩廣傳》及集部著作《楚辭通釋》，以生死觀角度重新詮釋，詳人所略；對於前人多所發揮的部分，則略人所詳。

# 第三節　研究範圍與方法

## 一、研究範圍

本文的研究進路，透過船山重要的原典，先就該章所研究的文本作文獻回顧及內容特色概述後，進而爬梳有關生死觀及其相關思想的論析，提綱挈領，以勾勒這部原典所透顯出的生死觀特色。

由於船山著作精深龐大，對於原典一時之間無法閱讀完畢的有經部的《春秋》系列和史部如《資治通鑑》、《宋論》；以及涉及學養，來不及消化的有《相

〔註 27〕見蕭萐父（編）：《王夫之辯證法思想引論》（武漢：湖北人民出版社，1984 年），頁 141～161。

〔註 28〕《孔孟月刊》四十二卷三期，總四九五期，2003 年 11 月。此文收入作者的《中國生命學——中華賢哲之生死智慧》（臺北：揚智文化，2005 年），篇名改為〈王船山之生死智慧〉。

〔註 29〕見《船山學刊》，2006 年第四期（復總第六十二期）。

〔註 30〕見《懷化學院學報》第二十六卷第六期，2007 年 6 月。

〔註 31〕船山易學系統，主要是《周易外傳》、《周易內傳》。

〔註 32〕船山四書系統，主要是《讀四書大全說》、《四書訓義》、《四書箋解》。

〔註 33〕船山子部著作，主要是《正蒙注》、《思問錄內外篇》。

宗絡索》，以上這幾部原典有關生死方面的探討，暫時捨去；有關評選及詩話系列，如《古詩評選》、《唐詩評選》、《明詩評選》及《薑齋詩話》，有關生死方面的材料極少，故略去不論。

因此本文自《船山全書》中，擇取船山經、史、子、集方面的注疏廣衍傳解分析討論生死議題的材料，專章論述的有：

經部範圍：甲、《詩廣傳》
乙、《禮記章句》
子部範圍：甲、《張子正蒙注》
乙、《莊子解》
集部範圍：《楚辭通釋》

在船山著作中的《易》學系統——《周易外傳》、《周易內傳》——的生死觀，併入《張子正蒙注》討論。而四書系統中的《讀四書大全說》、《四書訓義》、《四書箋解》生死觀，則隨探源思想脈絡、或論及傳承意義時一併討論。

對於其他典籍如《尚書引義》、《思問錄內外篇》、《老子衍》、《愚鼓詞》或《薑齋詩、詞、文集》等著作，則散入相關論述中。

本文依不同文本性質先分論，擷取船山因不同側面而凸顯的生死智慧。亦可以就原文本與船山詮釋的義理較其異同：是調適上遂或扭曲誤讀，以見其義理分際。最後依此分論綜述成一完整的生死觀系統。

作爲同一詮釋者自有其一貫性。因此，以每一部著作去探討船山的生死觀，不免有相近或重出的船山義理論述，試以司馬遷人物列傳「互見」筆法仿之〔註34〕，詳略有別，以顯主賓之分。

## 二、研究方法

「人」作爲世界的參贊者、詮釋者，其存在乃是歷史的存在，船山作爲

〔註34〕互見法是司馬遷首創的一種述史和表現手法，是紀傳體史書所特有的。這種方法是把一個人的生平事跡，一件歷史事件的來龍去脈，分散寫在數篇之中，參錯互見，相互補充。簡言之，本傳不載或略載該傳主的某事件，而詳見於其他傳記，這就是互見法。又靳德俊在《史記釋例》稱這種方法爲「互文相足」。他說：「一事所繫數人，一人有關數事，若爲詳載，則繁複不堪，詳此略彼，則互文相足尚焉。」轉引自張大可等主編《史記研究集成》，第二卷安平秋等著《史記通論》（北京：華文出版社，2005 年），頁 102。按：借用司馬遷史傳筆法「互見法」，乃以船山在不同著作中所彰顯的義理特色，在敘述論析時區分主從詳略之別。

「創造性詮釋」的哲學家，其生命歷程，其個人與時代的交互關係（時空座標），其與大宇宙的連貫關係（天人關係），其思想基底及觀念源流、其大心宏願所完成的一系列經典詮釋，在中國哲學詮釋傳統彰顯出何種意義？與西方的詮釋理論有何不別？劉笑敢云：

> 從根本上講，西方的詮釋理論不能充分解釋中國的哲學詮釋傳統，是因爲他們的理論討論的中心是與文本詮釋有關的問題，而不涉及體系建構的問題；而在中國哲學的詮釋傳統中，體系重構或建構是實質性問題，是不能迴避或忽略的。西方詮釋理論講到「重構」，往是對一部經典的理論重構，這可用於說明王弼對老子思想的重構，郭象對莊子思想的重構，卻不適於更大的跨越或涵蓋經典、多學派的體系建構。如王夫之、牟宗三的體系就不是對某一家思想的重構，而是融會貫通的龐大的新體系的建構。〔註 35〕

此番說法，點出船山源自廣注博釋經典，其消化融貫與綜攝經典的著述面相，蘊涵「更大的跨越或涵蓋經典、多學派」的特質。因此，本文在研究步驟與論述的策略上，先擇取船山重要著作作爲詮釋的進路，彙集不同著作所蘊涵生死觀的研究成果，以建構船山融會貫通龐大的義理體系。〔註 36〕

建構思想家的義理體系與其氣質、思路、體驗和關切的論題息息相關〔註 37〕，本文建構義理體系的方式，不採內聖外王（即仁——禮）或心、性、天的天人關係直接表詮王船山的義理體系；而是試著以王船山在其著作中——《詩廣傳》、《禮記章句》、《正蒙注》、《莊子解》及《楚辭通釋》中的

---

〔註 35〕見劉笑敢：〈經典詮釋與體系建構：中國哲學詮釋傳統的成熟與特點芻議〉，收錄在李明輝編：《儒家經典詮釋方法》（臺北：喜瑪拉雅基金會，2003 年），頁 57。

〔註 36〕怎樣的思想家才稱得上具備義理（哲學）體系？我想借用劉笑敢的四條件說法：一是他的思想必須以討論哲學問題爲主。二是有豐富的多側面的思想內容。三是多側面的思想之間有內在的統一性、連貫性，雖可能有內在矛盾和緊張，但必須大體圓通，不能支離破碎。最後，這些討論應該是有相當的獨特性、創造性的。見上註書，頁 43～44。

〔註 37〕宋明理學家逆覺體證，以立價值之源的陸王心學派，單提良知即見本源，但見義理不見體系。即令陽明學以《古本大學》立言，其「正心」、「誠意」、「致知」、「格物」的功法，事實上是「虛說」。朱子理學在「證體」的氛圍中，凸顯「理」的超越性，無形中貶抑「氣」的存在性，其「心」爲「氣之靈」，德性心與認知心的混同爲一，未能釐清德性與知識的本源，其分解性格對於義理體系的建構，實較心學派曲折複雜。

內容，透顯船山隨文衍義或注解釋義中所呈現的生死觀，同時帶出船山的義理體系。

在研究步驟上：筆著自覺的在每一部著作中，選擇最核心的旨意作爲章節的題目，並以此展開詮釋。每一章節好比寶石的切面，在每一個切面上，試著掘發船山生死觀不同的光彩與面相。

每一部著作的生死觀，是一個切面，是一個「端體」（是存有的某個面相展現），而每一個端體都源自船山參贊天地所形成的義理體系（是存有諸向度的展開），此存有的根源（即「本體」），亦是船山所揭釋的生死本體，它與每一部著作的生死觀之「端體」是連續性的存在，端體與本體之間互爲一體，生死觀與其義理體系的命題，乃一而二，二而一的互函關係，並無軒輊。

換言之，從生死觀可以探析船山的義理體系；從船山的義理體系亦可以直探船山的生死觀。

而當每一章節如寶石的切面，彙聚一起、綜攝爲一體時，不僅呈現了船山生死觀的全幅面貌，同時也彰顯並呼應船山的義理體系。

在各章節的內容上，以船山原典文獻的疏證爲基礎，探究船山生死議題的概念分析，掘發闡釋船山生死觀的義理綱維與理論內涵，由知人論世及經典詮釋的方式開展不同著作所凸顯的生死觀。換言之，本文採用的研究方法，是人文學的研究方法〔註 38〕，依循中國經典詮釋傳統操作方式，寓建構於詮釋中，「言說」多元而上遂於「道」，在開放的意義場域中進行理解活動。

在船山義理系統內的詮釋方式，兼採船山「兩端而一致」的綜合辯證思維模式，以此更貼近船山的論述精神。

另外，也試著將船山生死觀放進當代生死學脈絡中對話，作爲跨文化、跨學門的整合。例：從《詩廣傳》文本中，試著以生死學領域中的悲傷輔導進路，抉隱闡幽，探析面對死生之際的生命情感的安頓。

在引用當代生死學方面資料時，若與討論主題或行文脈絡未直接相關者，僅作爲呼應佐證，則放在註釋中說明。

〔註 38〕見林安梧：《人文學方法論——詮釋的存有學探源》（臺北：讀冊文化事業有限公司，2003 年），第一章及第三章論述。

# 第二章　廣心餘情，裕於死生之際
# ——以《詩廣傳》爲切面的生死觀

## 前　言

《詩廣傳》是王船山（1619～1692 年）有關詩經研究方面的著作，約寫成於 1671、1672 年間〔註 1〕，重訂於 1683 年〔註 2〕。是船山五十多歲學術成熟時期的重要著作。〔註 3〕

《詩經》是中國最早的詩歌總集，是中國文學的根源，內容包含社會各

---

〔註 1〕由於《詩廣傳》這部書，沒有船山的自序或自跋，無法知道寫作的確實年月。據王孝魚推測，本書的寫作時間，似在 1668 年之後。……很可能先集中精力完成了關於《春秋》的專門著作，然後才研究《詩經》……《詩廣傳》或完成於 1671 年（康熙十年，辛亥，五十三歲，方以智勸逃禪）、1672 年（康熙十一年，壬子，五十四歲）年間。依此推測，《詩廣傳》大約是船山五十歲之後的作品，約完成於五十三歲左右。參見〈中華本點校說明〉，《船山全書》第三冊，頁 517～518。

〔註 2〕根據嘉愷鈔本、劉氏鈔本篇末有「癸亥閏月重定」六字，較正文略小。癸亥是康熙二十二年（1683 年），船山六十五歲，重訂《詩廣傳》舊稿。同上書，頁 516。

〔註 3〕以船山重訂《讀四書大全說》的年代（1665 年，四十七歲）而言學術成熟時期。在《讀四書大全說》曾多次提到「其義詳《尚書引義》」，或「詳見愚所著《周易外傳》」，船山建立他思想體系是從《易經》研究入手，如源自《易經》乾坤並建思想與源自《尚書引義》「命日受」、「性日生」的人性論著述已完成而謂之學術成熟期。證之《詩廣傳》，卷四〈論既醉一〉，《船山全書》第三冊，頁 454「此之謂命日受，性日生也」。其「命日受」、「性日生」人性論，應當是完成於《詩廣傳》著述前。

階層的吟唱，大體以日常生活爲主調，三百零五篇展現先民面對自然宇宙、家國群體、存在處境中的得失禍福、離亂重逢等現實的情感世界，是直接的即心即物的讚怨（賦）、或由心及物的譬喻（比）、或由物及心的觸發聯想（興），這三種基本的思考方式所帶出的情感與物象〔註 4〕（草木蟲魚鳥獸等自然景物），在重疊複沓的韻律形式中達到一唱三嘆的詩境。而詩境中所流露憂樂與共的有情世界，「可以興、可以觀、可以群、可以怨」〔註 5〕，讀者透過「人同此心，心同此理」的同情共感，體驗人情之美，陶冶性情，以達溫柔敦厚的詩教功效。從孔子禮讚《詩》云：「詩三百，一言以蔽之，曰：思無邪」〔註 6〕，即肯定《詩經》源自眞誠情感的詩篇，自有感發動人的力量。

《詩廣傳》來自《詩經》文本所興發的議題與感觸，當然與《詩經》密不可分。既是對《詩經》各篇加以引申發揮，故名之「廣傳」。《詩廣傳》並非直接討論生死議題的文本，鮮少有人會以《詩廣傳》作爲闡釋船山生死觀的重要引文和義理探析，然深入《詩廣傳》的內涵，當《詩經》的作者唱出面對生命的有限，存在上的不遇與人世間種種的失落與滄桑時，船山透過這些詩人的詠嘆調，道其性情，辨其是非，指其方向，述其衷懷，暢其生命，實已蘊藏生死思維的議題，故船山云：

> 廣則可以裕於死生之際矣。〔註 7〕

因此，本文探索《詩廣傳》的生死觀，擬從面對死生之際，所謂死亡在「總體的失落」〔註 8〕屆臨時，個人的生命態度爲何？面對生死失落的過程中，情志在憂苦中需要那些支援與情感的力量，走過陰霾與幽谷？如何才能「裕」於死生之際？換言之，面對生死失落的達裕之道，船山提供了哪些精神資糧，是本文的重心所在。

就建構船山全面性的生死觀而言，《詩廣傳》相對於《周易內、外傳》、《四書》系統、《思問錄》、《張子正蒙注》或《禮記章句》等書的生死思維或終極

〔註 4〕此處賦比興的說法，參見葉嘉瑩：《迦陵談詩二集》（臺北：東大圖書公司，1985 年），頁 139。

〔註 5〕見《論語》，〈陽貨篇〉。

〔註 6〕見《論語》，〈爲政篇〉。

〔註 7〕《詩廣傳》，卷一〈論卷耳〉，《船山全書》第三冊，頁 302。

〔註 8〕在趙可式：《醫師與生死》（臺北：寶瓶文化，2007 年），頁 146。文中有一段發人深省的文字：「醫師的生命擁有很多：高社經地位、聲望、受人尊敬、成就、助人的意義、對社會人類的貢獻、極可能的美滿幸福家庭等等。『死亡』意味著『總體的失落』，所以擔心死亡其實是來自於『捨不得，放不下』。」

關懷上的論述相比，直接資料並不多，但《詩廣傳》即詩、即事言理的書寫風格，引而通之，上遂於道，未嘗不可作創造性的延伸與詮釋。

因此，本文扣緊《詩廣傳》的文本就其重要性的內容義蘊：重「情」達「性」的特色，導入船山論情的性質與功用、廣心餘情以裕德、正本清源的治情之道，正視情感在存在面的力量，由此討論生死觀中的失落與悲傷議題，以見安頓情志的修養工夫。故在內容上，以船山在《詩廣傳》中所流露的生死失落的存在議題，以倡論其中相關的修養工夫爲主軸外；透過環繞生死思維的實踐工夫，亦足以見船山「裕」於死生之際的自處之道。

## 第一節　《詩廣傳》研究現況及內容概述

《詩廣傳》共分五卷，第一、第二卷論二〈南〉和十三〈國風〉，第三卷論〈小雅〉，第四卷論〈大雅〉，第五卷論〈周頌〉、〈魯頌〉、〈商頌〉。共有二百三十七篇大小不拘的文章。船山對於《詩經》某些篇章引發他的感懷，或論二篇〔註9〕、或論三篇〔註10〕、四篇〔註11〕不等，亦有如〈大雅〉〈抑〉所論長達七篇。涵蓋層面，不受漢、宋經學所拘，有時就《詩經》一、兩句廣衍論義〔註12〕，有時就整首詩的章旨詮釋或批判〔註13〕，其論因《詩經》題

〔註9〕例：卷一〈周南・論關雎一、二〉、〈周南・論芣苢一、二〉等。

〔註10〕例：卷二〈齊風・論東方未明一、二、三〉、卷三〈小雅・論雨無正一、二、三〉等。

〔註11〕例：卷四〈大雅・論文王一、二、三、四〉等。

〔註12〕例：卷一〈王風・君子于役〉船山一開始即抛出關注的議題：「賦與役孰病？」興論，最後道出征役引發國亡之劇甚於賦稅而云：「嗚呼！竭民力，絕民性，憯民心，迨乎役繁而盡矣。」然後引此章詩句「君子于役，不知其期」二句言：「非不爲之期也，雖欲期之而不得也。東周之失民，宜其亡矣。秦、隋、蒙古之瓦解，賦未嘗增，天下毒悶，胥此也夫！」頁340～341，《詩廣傳》，《船山全書》第三冊。

〔註13〕例：〈采葛〉：「彼采葛兮，一日不見，如三月兮！／彼采蕭兮，一日不見，如三秋兮！／彼采艾兮，一日不見，如三歲兮！」船山開門見山直劈「〈采葛〉之情，淫情也；以之思而淫於思，（朱《傳》云）以之懼而淫於懼，（毛《傳》云）……何以知情之淫也？其諸詞不豐而音遽者乎！」，並進而提出其詩學鑑賞角度與文學史的觀察而言「言愈昌而始有則，文愈腴而始有神，氣愈溫而始有力。不爲擢筋洗骨而生理始全，不爲深文微中而人益以警。罕譬善喻，唱歎淫泆，若緩若忘，而乃信其有情，古知道者之於文，類然也，東周之季，大歷之末，刻露下躁之言興，而周、唐之衰亟矣。知言者辨之，是以甚惡夫〈采葛〉。」見卷一〈王風・論采葛一、二〉，頁344～345，《詩廣傳》，《船山全書》第三冊。

材篇章的不同而引發各種的論義，內容廣泛幾乎無所不包：天人分際、家國之思、歷史傳承、禮樂教化、道德倫理、人物品評、情感教育、人格陶冶等，因此舉凡船山重要的哲學、歷史、政治、倫理和文學的議題，直接或間接的流露在《詩廣傳》的文義中。

《詩廣傳》在目前研究上約略可分爲幾個面向：其一、可以放在經學史、或《詩經》學史脈絡上看《詩廣傳》的分位，再加上《詩經稗疏》、《詩經考異》、《詩經叶韻辨》著作，王船山《詩經》學的研究和路徑，呼之欲出〔註 14〕。由於它不以傳統箋注訓詁爲主，有學者以打破傳統研究模式的《詩經》學著作謂之〔註 15〕。其二、《詩廣傳》可以就文學、語言、藝術的面向，探究船山詩學思想及實際批評的角度，以見船山文學根源的探索和豐沛鑑賞的抒情性表現〔註 16〕。其三、就船山思想義理方面闡述《詩廣傳》的價值，指向哲學、

〔註 14〕黃忠愼在〈王夫之《詩經》學新探〉一文中，就漢學宋學的在經學史研究的爭議，切入船山詩經學「漢宋分治」的研究方法並論其在清代的影響與地位升降的狀況。換言之，船山治《詩經》學，其間展現的研究方法與進路並非調合，而是趨向兩個端點。質實言之，《詩經稗疏》、《詩經考異》、〈叶韻辨〉所表現的是純漢學研究方法，但是《詩廣傳》卻凸顯出了宋學派所喜的「義理之新」。因此，乾隆時期《四庫全書總目》肯定的是船山一系列有關稗疏的漢學研究系路的著作，到了清末今文經學興盛，《詩廣傳》收入《續修四庫全書》，其評價則認爲《詩廣傳》才是王夫之《詩經》學的眞正高峰。見《國文學誌》第八期（2004 年 6 月）。若細究《詩廣傳》各篇在經義內容討論上是否皆循宋學的釋經系統，恐亦有爭議。蓋深入其中篇章義旨及傳《詩》的特色時，有學者則以漢宋兼采，言其今文經學與古文經學互融。見袁愈宗：《《詩廣傳》詩學思想研究》，山東師範大學，博士論文，2006 年，頁 26～33。

〔註 15〕趙沛霖著〈打破傳統研究模式的《詩經》學著作——讀王夫之《詩廣傳》〉，《求索》1996 年第三期。並參見趙沛霖《現代學術文化思潮與詩經研究——二十世紀詩經研究史》（北京：學苑出版社，2006 年），頁 51。

〔註 16〕此面向，接近《薑齋詩話》，卷一〈詩譯〉對《詩經》的引而申之的詩學闡發與鑑賞式的評點。因此有關研究船山詩學、美學爲主題，除了《薑齋詩話》、《古詩評選》、《唐詩評選》、《明詩評選》爲主要的文本外，《詩廣傳》直探文學藝術本源的詩道性情理論，是研究者不可忽視的重點。蔡英俊：《比興物色與情景交融》（臺北：大安出版社，1986 年），〈第四章王夫之詩學體系析論〉特別闡釋《詩廣傳》並定位其價值，進而展開船山由「詩教」觀念到探索情景遇合的問題，並且以此作爲批評的試金石來評估傳統的作家與作品，故言傳統詩歌批評理論中的「情、景交融」觀念，發展到《薑齋詩話》，可以說是理論與實踐的完成；楊松年：《王夫之詩論研究》（臺北：文史哲出版社，1986 年），此書探索船山詩論爲內容，其特色以船山作品主要用語闡釋：情、意、氣、神試著作語義分析，以見脈絡系統中的意義，頁 11 言及《詩廣傳》「情」的脈絡含義在不同的引文中比較；蕭馳：《抒情傳統與中國思想——王夫之詩

宗教、政治、道德、文化、歷史和文學等方面論題。〔註 17〕

從這三個面向看《詩廣傳》，必然牽涉到《詩廣傳》的內容性質以及船山個人隨《詩經》篇章文字而引發的心境流露。船山不在對《詩經》文本作一首首詩作的的詮釋與賞析，反而是即興廣衍的發揮，有時是直會詩心的深刻評析〔註 18〕；有時是揭露隱於詩人作品背後的歷史意義〔註 19〕；或闡論經義引申論之或爲平實的道德倫理以觀風俗教化〔註 20〕；或藉詩句寓身世之悲，

學發微》（上海：上海古籍出版社，2003 年），以船山具體而微的範例，契入抒情傳統，以見詩人參贊天地化育的歷程言「詩歌史展開爲人性史」的意義，論述過程中《詩廣傳》是其重要引文；大陸學者陶水平：《船山詩學研究》（北京：中國社會科學出版社，2001 年）；袁愈宗：《《詩廣傳》詩學思想研究》（山東師範大學博士學位論文，2006 年），對於《詩廣傳》的闡釋同屬此系路的發揮。

〔註 17〕曾昭旭「船山論詩之言，要之論詩必以義理爲主，其用則在觀國風以進論治民之道，而在義理上則歸要於論情之性相。」見《王船山哲學》（臺北：遠景出版社，1983 年），頁 93～94。其書第二編第一章之三〈船山之詩經學〉等，精闢的闡述船山論情之性質及治情之道；陳章錫：《王船山詩廣傳義理疏解》（碩士論文，刊載於師大國文研究所集刊第三十號，1986 年），全面性的整理《詩廣傳》的要點：論性與情之通貫、論道德倫理、論歷史文化與政治、論禮詩樂；大陸學者曾玲先〈王船山《詩廣傳》文化感及其他〉認爲《詩廣傳》是多視角、多維度地把《詩經》置放到文化語境中予以審視，主要是集中在關注社會現實的問題進行文化闡釋。

〔註 18〕例：〈小雅・采薇〉末章：「昔我往矣，楊柳依依。今我來思，雨雪霏霏。行道遲遲，載渴載飢。我心傷悲，莫知我哀。」船山自詩人（作者）與外在景物（宇宙）的關係，提出他對情景互動的觀察，並進而提出詩人當如何善用其情，見卷三〈小雅・論采薇二〉，頁 392，《詩廣傳》，《船山全書》第三冊。有關船山論情及工夫義，於下文中詳論之，在此僅略示內容特色。

〔註 19〕例：船山透過〈蓼蕭〉及〈湛露〉詩篇的祝頌與歡愉論及君臣之道與無所求、無所擇的相交之情，在歷史演變中之升降，遂言：「豫，人道之大者也。……豫則摯，摯則之生死而不忘。有〈蓼蕭〉、〈湛露〉之樂，而後有〈黍離〉之哀；有〈黍離〉之哀，而後知〈蓼蕭〉、〈湛露〉之樂也。故唯其有誠豫也，而後有誠戚也。三代而下，誠戚者有矣，未嘗聞其有誠豫也。上棄禮而下猶未喪其情，然而微矣。屈平、劉向猶宗臣也。顏見遠非大臣矣。鄭思肖、謝翱非大臣矣。東湖樵夫非士矣。疏者戚，而戚者之疏可知已。誠戚之屨降而瀕亡也。誠豫亡而君道毀，誠戚亡而臣道滅。」見卷三〈小雅・論蓼蕭、論湛露〉，頁 396～397，《詩廣傳》，《船山全書》第三冊。

〔註 20〕例：〈小雅・小旻〉首章：「旻天疾威，敷于下土。謀猶回遹，何日斯沮？謀臧不從，不臧覆用。我視謀猶，亦孔之邛。」《詩序》曰：「〈小旻〉，大夫刺幽王也。」《詩集傳》曰：「大夫以王惑於邪謀，不能斷以從善，而作此詩。」船山基本上亦循《詩序》和《詩集傳》的理解看待此詩，但他進一步引申論之，天下邪謀惑略不出八種方式，導致「我視謀猶，亦孔之邛」（我看現在施

藉此抒發胸中的塊壘，解時代與個人的鬱憤之情，雖以廣衍《詩經》義旨明貫普遍的道理，然其中的興、觀、群、怨，其實是更深一層的抒情言志的表現〔註 21〕。透過《詩廣傳》的研究，可以更貼進船山之思、船山之情與其道德理想的依歸之處。

## 第二節　「裕於死生之際」的實踐工夫

船山言「死生之際」時，喟歎朱子直接點明生死工夫的著手處，全在平日的日積月累的實踐，生死變異之際，此刻反而使不上工夫：

> 死生之際，下工夫不得，全在平日日用之間，朱子此說，極好著眼。乃平日工夫，不問大小，皆欲即於義理之安，自君子之素履；要不爲死生須分明，而固以彼養之也。〔註 22〕

若以生死二端模式詮釋船山之言，「生」之端的工夫，由「素履」踐行以得「義理之安」（無限性），以涵養「死」之端（有限性）而來的淬練：平日面對生命歷程中的利害得失、憂患病苦、過錯傷悲等試驗，其間存在的辯證過程，其實就是天人之際的溝通，如何即有限而至義理之安的過程，即是船山所謂的「貞生死以盡人道」〔註 23〕的實踐過程。

因此，面對無常憂患打擊時，自我受創、恐懼老死、臨終之際、失落之

政的謀略，弊病很嚴重），其議論相當精闢：「中夜之所思，及明而欲就之；道路之所聽，入門而欲徵之；佔畢之所得，釋卷而遽試之；興會之所激，觸物而求成之；歆利以居心，名義以將之；俄頃之所安，終始以守之；匪已之所能任，委諸人而不量以責之；匪心之必非，不自我而極情以擿之；八者十無一成，而百有千僨，天下之爲謀不出於此者尟矣。『我視謀猶，亦孔之邛』，爲是也。」見卷三〈小雅・論小旻〉，頁 414，《詩廣傳》，《船山全書》第三冊。而有關藉詩以觀風，請參見曾昭旭：《王船山哲學》，頁 96～100。

〔註 21〕蔡英俊曾扼要的點出《詩廣傳》的特殊性言：「《詩廣傳》……原屬經義訓解推衍的著作，一變而成爲王夫之表達人性問題、倫理問題與政治問題的重要憑藉，再變而成爲他表露個人『七尺從天乞活埋』的孤憤心情的動因，而把他讀『詩』時的『心境』寫成如下的淒絕動人的文字」（頁 264）；因此言「如果我們仔細閱讀《詩廣傳》一書的行文方式，即可以清楚發現兩種截然不同的文體，一是衍繹經書體例所表現出的平實典正的風格，一是推闡個人主觀意念、情志所顯露出的哀惋悽愴的風格——由於這兩種文體的夾雜，我們可以找出王夫之晚年重訂的痕跡。」（頁 272），論述詳見其書《比興、物色與情景交融》。

〔註 22〕見《讀四書大全說》卷六，《論語・衛靈公篇》，《船山全書》第六冊，頁 828。

〔註 23〕見《正蒙注》，卷一〈太和篇〉，《船山全書》第十二冊，頁 39。

時、喪親之慟……等，人當如何善用其情？面對存在的裂縫或斷裂，於死生之際，面對界限感的生命態度，如何廣心餘情，裕於憂樂，以安頓情志？又在哀慟悲傷中如何貞情而不淫？透過《詩廣傳》文本的解讀及詮釋，以見船山「裕於死生之際」的實踐工夫。

## 一、實踐工夫的根源：天人繼紹的場域，心物相值相取

在探討人當如何貞情裕德此課題之前，先回到船山的義理系統，他如何言情？情在天人性命往來中處於何種位置？先辨析其界義後，再逐步展開船山如何涵養情志，以「裕於死生之際」。其言：

> 有識之心而爲推諸物者焉，有不謀之物相值而生其心者焉。知斯二者，可與言情矣。天地之際，新故之跡，榮落之觀，流止之幾，欣厭之色，形於吾身以外者，化也；生於吾身以內者，心也；相值而相取，一俯一仰之際，幾與爲通，而浡然興矣。……俯仰之間，幾必通也，天化人心之所爲紹也。〔註24〕

宇宙大化流行，生意盎然，天地自然景物處處見其可觀可賞可愛可歎的的變化形色，流布於吾身之外，與吾心交感的方式——由心及物或由物及心，雖有不同，然興會相遇之幾，源自天化人心交會的情感，正是天人繼紹最動人的表露，不僅意味著生生不息剛健不已的道德實踐場域，也是文學藝術創作中的動源，開啓的不僅是善的流行，同時也是美的世界。「情」就在心物「相值而相取，一俯一仰之際，幾與爲通，而浡然興矣。」船山因此肯定情的存在，遂言：

> 情者，陰陽之幾也；物者，天地之產也。陰陽之幾動於心，天地之產於外。故外有其物，內可有其情矣；內有其情，外必有其物矣。……絜天下之物，與吾情相當者不乏矣。天地不匱其產，陰陽不失其情，斯不亦至足而無俟他求者乎？均是物也，均是情也，君子得甘焉，細人得苦焉；君子得涉焉，細人得濡焉。無他，擇與不擇而已矣。〔註25〕

情既是陰陽兩間必有之幾，是人心與外物相引相生的關係，故「外有其物，內可有其情矣；內有其情，外必有其物矣。」其間已含文學所謂的「情景交融」的感物理論，但船山進一步提到何以「均是物也，均是情也，君子得甘

〔註24〕《詩廣傳》，卷二〈豳風・論東山二〉，《船山全書》第三冊，頁383～384。
〔註25〕《詩廣傳》，卷一〈邶風・論匏有苦葉〉，《船山全書》第三冊，頁323～324。

焉，細人得苦焉」，同樣是表「情」言「物」，有人得其佳味，有人嚐其苦味，其中的區別爲何？關鍵處就在「情」之擇與不擇的分寸，是貞定之「擇」或，還是「不擇」的漫生衍蕩呢？這當中就有歧出之危。究竟該如何擇情應物，暢幾達情以定性呢？船山言：

> 達人之情，必先自達其情，與之爲相知，而無別情之可疑，則甘有與甘，苦有與苦。……見情者，無匿情者也。是故情者，性之端耶。循情而可以定性也。〔註26〕

> 人生而有性，感而在，不感而亦在者也。其感於物而同異得失之不齊，心爲之動，而喜怒哀樂之幾通焉，則謂之情。〔註27〕

因爲「情」處於吾心之動幾與天地之產物交感發用始生才有，性隱情顯，情乃性之端體，因此「循情而可以定性」，是船山肯認情在踐德中之效用，性體藏密力微，情則力盛幾速，故仁義之德的顯發須藉情的力量方能推擴充周〔註28〕。反對「窒情」〔註29〕之貶抑情感價値，遂言「可因情、才以求性，而不可捨性以誣情、才。」〔註30〕

## 二、實踐工夫的開展：循情以定性，廣心餘情以裕德

船山甚讚之情，乃陶以天、有本有源之「性其情」，透過舉薦招賢的詩句對比言：

> 知〈干旄〉〈有杕之杜〉之異於〈鹿鳴〉者，而後可與言君子之情也。「彼姝者子，何以告之」，是操券之求也。「彼君子兮，噬肯適我」，是奔名之邀也。逮〈鹿鳴〉之三章，而後知君子之情陶以天矣。……〈關雎〉之鐘鼓琴瑟，〈鹿鳴〉之笙瑟簧琴，「以友」、「以樂」、「以遨」，莫知其所以然，而自不容已。以此好德，非性其情者，孰能此哉？〔註31〕

---

〔註26〕《詩廣傳》，卷二〈齊風・論雞鳴〉，《船山全書》第三冊，頁353。

〔註27〕《四書訓義》卷三十五，《孟子十一・告子章句上》，《船山全書》第八冊，頁698。

〔註28〕參見陳祺助〈王船山論情、才的意義及其善惡問題之研究〉，《鵝湖月刊》第三二五期，2002年8月。

〔註29〕《詩廣傳》，卷二〈齊風・論雞鳴〉，《船山全書》第三冊，頁353。

〔註30〕《四書訓義》卷三十五，《孟子十一・告子章句上》，《船山全書》第八冊，頁701。

〔註31〕《詩廣傳》，卷三〈小雅・論鹿鳴〉，《船山全書》第三冊，頁387。

〈鄘風・干旄〉或〈唐風・有杕之杜〉二者之情，之所以遜於〈小雅・鹿鳴〉，在其夾雜了名利需索的奔競，間隔了彼此相互通向對方的眞心眞情，故君子之情，貴能「性其情」。故言「發乎情，止乎理，而性不失焉，則喜怒哀樂之大用，禮樂刑政之所以爲體者也。」〔註 32〕簡言之，人文教化禮樂刑政之措爲，無非暢達其情、貞定其性，「以此好德」而已矣。

因此，欲「達人之情」與世人相知相惜之前的工夫，理當溯情之源，先「自達其情」。蓋人我之情往來，不免因誘惑疑妒等分別之情，障隔彼此而無法通達，透過修養工夫得以洗練情感之雜質，復其光明溫暖之情，得以「甘有與甘，苦有與苦」之幾通，憂樂與共，故言：

> 不吡於憂樂者，可與通天下之憂樂矣，憂樂之不吡，非其忘憂樂也，然而通天下之志而無蔽。以是知憂樂之固無蔽必而可爲性用，固曰：情者，性之情也。〔註 33〕

若人能正視其情、不抑情窒情、接納生命之幾感遇而來的憂樂，「不吡於憂樂」，不倚執封限於一時之憂樂，人反而可以因其憂樂與天下人相通，與眾生共命，所謂「通天下之志而無蔽」，遂言：

> 聖人者，耳目啓而性情貞，情摯而不滯，己與物交存而不忘，一無蔽焉，〈東山〉之所以通人之情也。周公之徂東山也，其憂也切矣；自東而歸，其樂也大矣。……憂之切，樂之大，而不廢天下不屑爾之憂樂，於以見公裕於憂樂而旁通無蔽也。〔註 34〕

且不言此詩作者之眞僞，船山順《詩序》言〈東山〉詩，是寫周公東征三年而歸「勞歸士」之詩，周公能以耳目觀照所在之人、之事、之物，遂能貼近士卒東征返歸、渴念懷思、歸途淒苦而來的悲喜交錯之情。蓋由「情摯而不滯，己與物交存而不忘」的性情而發，並不因「我徂東山」時，有「流言之懼、風雷之迎」的切身大憂，忽視士卒之苦；亦不因凱旋立功而忘士卒憶思「結褵之喜」乃至「獨宿之悲」，周公能以餘裕之情超越一己之憂樂，不廢天下人之憂樂，故言「見公裕於憂樂而旁通無蔽也」。換言之，能裕於情，「無凝滯之情，斯不廢天下之情」。〔註 35〕

---

〔註 32〕《四書訓義》卷三十五，《孟子十一・告子章句上》，《船山全書》第八冊，頁 698。

〔註 33〕《詩廣傳》，卷二〈豳風・論東山三〉，《船山全書》第三冊，頁 384。

〔註 34〕《詩廣傳》，卷二〈豳風・論東山三〉，《船山全書》第三冊，頁 384。

〔註 35〕此段引號內文字，其出處同上註。

如何才能廣心裕情，「不毗於憂樂」呢？

往戍，悲也；來歸，愉也。往而咏楊柳之依依，來而歎雨雪之霏霏。善用其情者，不斂天物之榮凋，以益己之悲愉而已矣。天物其何定哉！當吾之悲，有迎吾以悲者焉；當吾之愉，有迎吾以愉者焉；淺人以其褊衷而捷於相取也。當吾之悲，有未嘗不可愉者焉；當吾之愉，有未嘗不可悲者焉；目營於一方者之所不見也。……故吾以知不窮於情者之言：其悲也，不失物之可愉者焉，雖然，不失悲也；其愉也，不失物之可悲者焉，雖然，不失愉也。導天下以廣心，而不奔注於一情之發，是以其思不困，其言不窮，而天下之人心和平矣。〔註 36〕

人生天地間，善用其情者，不以一己之悲愉，而籠罩宇宙全體，當知悲愉二端，雖是眞情實感，然若引此「天物之榮凋」渲染著色，以「益己之悲愉」，吾悲吾喜只是現象中一端體的存在，面對天道全體的存在而言，此乃顯現於一時一隅的悲愉；就大化流行的眞實存在而言，其實是有所蒙蔽的，遂言「當吾之悲，有未嘗不可愉者焉；當吾之愉，有未嘗不可悲者焉；目營於一方者之所不見也。」。若人能「導天下以廣心，而不奔注於一情之發」，以全體具在之廣心，合顯隱無間之端情，與天化之幾如如相應、與世人覿面不違，如素而行，不失悲愉，亦不陷悲愉，如如其分。正如船山論「孤臣嫠婦」面對世情之考驗時，他認爲「刻意以貞性，猶懼其弗能貞也」，強行勉力的意志，不免有逸軌之懼，遂強調裕其德始能輔其貞，他言：

孤臣嫠婦，孤行也，而德不可孤，必有輔焉。輔者非人輔之，心之所函，有餘德焉，行之所立，有餘道焉，皆以輔其貞，而乃以光明而不疚。故曰：「〈益〉，德之裕也。」

夫能裕其德者，約如泰，窮如通，險如夷，亦豈因履變而加厲哉？如其素而已矣。弗可以爲孤臣嫠婦而詭於同，亦弗可以爲孤臣嫠婦而矜爲異。非無異也，異但以孤臣嫠婦之孤行，而勿以其餘也。居之也矜，尚之也絞，刻意以爲嶢嶢之高、皦皦之白，而厲於人，是抑緣孤嫠而改其生平，豈其能過？不及焉耳已。指青霜，誓寒水，將焉用溫？溯逆流，披回風，將焉用惠？「終溫且惠」，未亡人其有推遂之心乎？嗚呼！斯其所爲終無推遂者也。當其爲嫠，如其未爲

〔註 36〕《詩廣傳》，卷三〈小雅・論采薇二〉，頁 392。

> 嫠也，而後可以爲嫠矣。當其未爲嫠，溫且惠也。如其未爲嫠者以嫠，而何弗終之邪？志之函也固然，氣之守也固然，威儀之在躬、臣妾之待治也固然。習險已頻，則智計愈斂；閱物多變，則自愛益深。廣以其道於天下，不見有矜己厲物之地；守以其恆於後世，斯必無轉石卷席之心。無所往而非德也，其於貞也，乃以長裕而不勞設矣。〔註37〕

孤臣嫠婦處人間之困境，德不可孤，其「孤行」必有所輔，船山首先肯定工夫乃在「心」函餘裕以貞其德。如何心函氣守？面對驟變之際，「詭於同」一心想逃避擺落「孤行」身分以回到尋常生活；或「矜爲異」的刻意標記「孤行」的矜異身分，他認爲二者都失餘裕之道。他並不認同其各守其一端的情志，其厲其苦終失溫惠之行，船山認爲眞能安頓情志者乃能裕其德者，其修養在「約如泰，窮如通，險如夷，亦豈因履變而加厲哉？如其素而已矣。」遂言「當其爲嫠，如其未爲嫠也，而後可以爲嫠矣。」即令遭逢嫠變孤行之際，秉其未嫠時溫且惠之志行，始能「終溫且惠」的「如其素」，故貞德之方，非誡律導行以至，而是「廣以其道於天下，不見有矜己厲物之地；守以其恆於後世，斯必無轉石卷席之心。無所往而非德也，其於貞也，乃以長裕而不勞設矣」。

船山這番義理，亦含蘊己身遭逢天崩地坼，改朝換代的踐履心得，若無廣心志函以貞德的修養，遺臣「孤行」之苦，不免流於矜己厲物之狂妄，或忘情遺度之虛無，如何能「裕」於死生之擇？遂能以孤臣孽子「乞活埋」的心情，終其一生，以儒者高明博厚的心靈，創造出「六經責我開生面」〔註38〕的生命價值。

處生死失落或病痛受苦之際，「如其素而已」的涵養，頗具啓發性。雖無法回到原初美好或健康的狀況，雖然過程中或許免不了有一段自我防衛的過程：「否認、憤怒、討價還價、沮喪、接受」〔註39〕形成混亂與臣服交錯的階

---

〔註37〕《詩廣傳》，卷一〈邶風·論燕燕一〉，《船山全書》第三冊，頁320。

〔註38〕見〈觀生居堂聯〉：「六經責我開生面，七尺從天乞活埋。」《船山詩文拾遺》卷一，《船山全書》第十五冊，頁921。

〔註39〕此爲「生死學大師」伊莉莎白·庫伯勒——羅斯著名的「臨終五階段」，見李永平譯：《天使走過人間——生與死的回憶》（臺北：天下遠見出版有限公司，1998年），頁200～201。案：後出的研究不見得同意其看法，趙可式認爲「五階段論」只能作爲「知識」，不能直接加以「應用」。人的獨特性與複雜性絕非幾個階段就可以說明清楚。見序文《當綠葉緩緩落下——生死學大師的最

段，此時亦是「孤行也，而德不可孤，必有輔焉。」身體病痛佐以醫療照護系統輔之；而心靈失落到復原、或生命精神的體悟與安寧，船山以心函氣守輔之，要義不外素履如常，初心不受「孤行」——眼前種種負面的情境所限，依然寬廣寧靜自得。

此一「如素」之道，正是廣心之函，能函尋常之同情，亦能函驟變之孤行，其情有餘，所謂「道生於餘情」：

> 道生於餘心，心生於餘力，力生於餘情。故於道而求有餘，不如其有餘情也。古之知道者，涵天下而餘於己，乃以樂天下而不匱於道；奚事一束其心力，畫於所事之中，敝敝以昕夕哉？畫焉則無餘情矣，無餘者，惉滯之情也。沾滯之情，生夫愁苦；愁苦之情，生夫劬倦；劬倦者，不自理者也，生夫愒佚；乍愒佚而甘之，生夫傲侈。力趨以供傲侈之爲，心注之，力營之，弗恤道矣。故安而行焉之謂聖，非必聖也，天下未有不安而能行者也。安於所事之中，則餘於所事之外；餘於所事之外，則益安於所事之中。見其有餘，知其能安。人不必有聖人之才，而有聖人之情。沾滯以無餘者，莫之能得焉耳。〔註40〕

人所以無法廣心以函居常處變二端，乃在心封限或倚執於眼前事物爲唯一，執一隅以爲道：順我之情，同其聲氣，則樂在其中；不與我同情，違逆我心者，則愁苦其中。以這樣「惉滯之情」行道，所見所思無非藩籬之障，反而窄化天化樂施、失落道並行不悖的綽裕。船山言「詩者，所以盪滌惉滯而安天下於有餘者也。」〔註41〕人若透過文學藝術的陶冶，用密召顯，盪滌惉滯之情，有「安於所事之中，則餘於所事之外；餘於所事之外，則益安於所事之中。」的餘情，自能心生餘力，從容應事，與眼前天物交會時，順逆之境、違逆之情甚而死生之際，都因餘道、餘力、餘情而寬廣，面對生命由界限感而來的困限，豁然而解。其釋心之「廣」義云：

> 廣之云者，非中枵而旁大之謂也。不舍此而通彼之謂也，方遽而能以暇之謂也。故曰廣也。廣則可以裕於死生之際矣。〔註42〕

「廣」心的工夫，首先強調它不是靠自我虛張強撐出來的大心，它是不離棄

後對話》（臺北：張老師文化事業股份有限公司，2006年），頁9。

〔註40〕《詩廣傳》，卷一〈周南、論葛覃〉，《船山全書》第三冊，頁301。

〔註41〕《詩廣傳》，卷一〈周南、論葛覃〉，《船山全書》第三冊，頁302。

〔註42〕《詩廣傳》，卷一〈周南、論卷耳〉，《船山全書》第三冊，頁302。

現象已顯之端，接納已成的現實事物，不受成心識心所縛；其廣乃在於通向未顯之彼端，顯隱具爲一心，即有限而無限，即令面對意外驟變之際，亦能暇豫以對，這才是廣心的意義。因此，船山點出廣心可以讓人面對死生時刻，不會因生命總體的失落、摯愛的消失，頓失依傍，只就失落一端（顯端）而黯然神傷，徒見死之有限；若人能以顯隱具爲一心之廣，通向天道無妄之隱端，修短隨化，正是生生不息的生命之流，故能「裕於死生之際」。

## 三、實踐工夫的對治：治情之道在於達情定性，反對淫情、襲情、匿情

船山言情除了上述強調「廣心」、「餘情」、「貞情」外，情雖爲性之端，性無不善，情理應無不善，但何以情亦有流蕩之淫呢？其言：

> 情之貞淫，同行而異發久矣。殆猶水也：漾、沔相近以出而殊流，殊流而同歸，其終可合也；湘灕桓洮相近以出而殊流，殊流而異歸，其終不可合也。情之終合與終不合也，奚以辨哉？以迹求之不得，喻諸心而已矣。……貞亦情也，淫亦情也。情受於性，性其藏也，乃迨其爲情，而情亦自爲藏矣。藏者必性生而情乃生欲，故情上受性，下授欲。受有所依，授有所放，上下背行而各親其生，東西流之勢也。喻諸心者，可一一數矣。〔註 43〕

他對於情之貞淫的辨析一開始即分辨貞淫都是情，以水流喻之，是「同行而異發」，情爲兩可之幾，當「情受於性」則殊流同歸，前言所謂的「循情而可以定性」，其達情篤行乃是「天之寵人，既寵之以性，抑寵之以情才」的發用，肯定情才的價值，遂言「情受於性，性其藏也」；而情受性既成之後，「情亦自爲藏矣」，情即形成一自發爲令的系統，可以順外境事物之牽引，與力微性體脫鉤，順其欲求，「殊流而異歸」，因此情與性終合或終不合的關鍵，就在情處於「上受性，下授欲」的地位，若「上下背行而各親其生」就像水流東西之勢完全不同。船山解釋「淫」義，明確使用造字之本義：

> 淫，本訓浸淫也；一曰久雨爲淫，久雨則水浸淫不已也。俗於「淫雨」字加雨作「霪」者，贅。樂音曼引而不止，謂之淫聲，非謂其沉溺女色。〔註 44〕

---

〔註 43〕《詩廣傳》，卷一〈邶風・論靜女〉，《船山全書》第三冊，頁 327。

〔註 44〕《說文廣義》卷二，《船山全書》第九冊，頁 183。

因此，船山謂「淫情」，意指「情下授欲」，「授有所放」，順慣性機括之運轉，心性主體潛隱，脫韁之情順勢漫生流蕩不止，故言：

> 審乎情，而知貞與淫之相背，如冰與蠅之不同席也，辨之早矣。不獎其淫，貞者乃顯。〔註45〕

節情以文，貞淫不在外在形色表現，以表象之迹喻求諸心以辨析貞淫，恐怕不得其當，船山以「不獎其淫，貞者乃顯」，由此，明白「姿容非妨貞之具，文詞非獎佞之姿」，故人文教化，日新富有，正是天地豐美的表現，以文函情，陶冶性情，是貞情裕德之途徑。遂言：

> 姿容之盛，文詞之美，皆禽與狄之所不得而與者也。故唯一善者，性也；可以爲善者，情也；不任爲不善者，才也；天性者，形色也。棄天之美，以求陋澀樗櫟之木石，君子悲其無生之氣矣。〔註46〕

對於存在現實中「發而始有，未發則無者」〔註47〕的情感，船山認爲不能因喜怒哀樂愛惡欲之情，可能自爲機括，「但緣物動而不緣性而動」〔註48〕或「化之相往來者，不能恆當其時與地，於是而有不當之物」〔註49〕的時位不當等因素，導致情可能流於不善，遂抑情貶情甚而絕情無情，與木石一般無生之氣，這是「棄天之美」否定形色的不當之舉。

因此而言「可以爲善者，情也」；又言「情之中者可善，其過、不及者亦未嘗不可善，以性固行於情之中也。情以性爲幹，則亦無不善；離性而自爲情，則可以爲不善矣。」〔註50〕情可以善或不善的關鍵，就在人是否能源自「性之情」的知幾審位，導情爲善。源自「性之情」而來的憂樂，當幾舒發，當憂則憂，當樂則樂，正視當下之憂樂，則可以以情爲善；反之，面對盲動狠迫窒濁之情者，當如何下工夫，以復「性之情」？船山言：

> 治不道之情，莫必其疾遷於道，能舒焉其幾矣。……不舒而能惠者匙也。奚以明其然也？情附氣，氣成動，動而後善惡也焉。馳而之善，日惠者也；馳而之不善，日逆者也。故待其動而不可挽。動不可挽，調之於早者，其唯氣乎！氣之動也，從血則狂，從神則理，

〔註45〕《詩廣傳》，卷一〈邶風．論靜女〉，《船山全書》第三冊，頁328～329。
〔註46〕《詩廣傳》，卷一〈鄘風、論君子偕老〉，《船山全書》第三冊，頁332。
〔註47〕見《讀四書大全說》，卷八〈孟子．滕文公上篇〉，《船山全書》第六冊，頁964。
〔註48〕見《讀四書大全說》，卷八〈孟子．滕文公上篇〉，《船山全書》第六冊，頁960。
〔註49〕見《讀四書大全說》，卷八〈孟子．滕文公上篇〉，《船山全書》第六冊，頁962。
〔註50〕見《讀四書大全說》，卷八〈孟子．滕文公上篇〉，《船山全書》第六冊，頁965。

故曰「君子有三戒」，戒從血之氣也。……血者，六腑之躁化也。氣無質，神無體，固不能與之爭勝，挾持以行而受其躁化，則天地清微之用隱矣。天地清微之用隱，則不能以舒；重濁之發驚，則觸於物而攻取之也迫。其能舒也，則其喜平，其怒也理……是故欲治不道之情者，莫若以舒也。舒者，所以沮其血之躁化，而俾氣暢其清微，以與神相邂逅者也。〔註51〕

對於已成具負面能量的情感，挾血氣而來的滯濁張狂之力，船山言很難迅速以智識方式扭轉，不如順其現實情欲力量逐步舒發消散其負面的力量（氣），得以重拾清暢自然的生命，讓隱在其中清微的心神主體，恢復正位。這種「豫養以舒」〔註52〕並強調及早覺察以舒其氣的情感教育，才是正本清源的治情之道。

天化如如而來，人亦如如以應，感物之際不襲舊習，眞誠以對，故船山云：

性非學得，故道不相謀；道不相謀，情亦不相襲矣。「巧笑」「佩玉」，「檜楫松舟」，〈竹竿〉之女不襲〈柏舟〉，稱其情而奚損哉？果有情者，未有襲焉者也。地不襲，時不襲矣，所接之人、所持之己不襲矣。〔註53〕

在德性實踐上，就本質而言固然是通向普遍性原理，但就人不同際遇的獨特性，其具體德行表現與情感的興發，基本上是因時因地因人因事，觸幾而顯其恰當性，一不小心循「相襲」的慣性模式〔註54〕，無法秉持眞幾，作出恰當的選擇，則有「立理限事」之危。

循「相襲」的慣性模式，在創作表現上即非「現量」作品〔註55〕，缺乏

〔註51〕見《詩廣傳》，卷三〈小雅・論小弁〉，《船山全書》第三冊，頁415～416。

〔註52〕見《詩廣傳》，卷三〈小雅・論小弁〉，《船山全書》第三冊，頁416。

〔註53〕見《詩廣傳》，卷一〈王風・論竹竿〉，《船山全書》第三冊，頁338。

〔註54〕依循禮教之常情常規的指引，亦是德行實踐的初階之習，惟面對特殊情境，若未能秉其眞情實感，則可能有違隔之失。

〔註55〕船山在《相宗絡索》這部研究唯識宗的著作中，對「現量」作了清楚的定義：「現者，有現在義，有現成義，有顯現眞實義。現在，不緣過去作影。現成，一觸即覺，不假思量計較。顯現眞實，乃彼之體性本自如此，顯現無疑，不參虛妄。」見《船山全書》第十三冊，頁536。船山將「現量」三層義涵應用在詩學理論與詩作評點上，強調「現量情景」，反對「從旁追敘，非言情之章」。詳細的論述可參考蕭馳：〈船山詩學中「現量」義涵的再探討〉，見《抒情傳統與中國思想——王夫之詩學發微》，頁1～39。

天人性命授受往來的道德美學特質，在鑑賞上無法啓迪德性與美感的心靈。因此，船山對於張狂自以爲是眞性情的文人之作，提出他的看法：

> 無大故而激，不相及而憂，私憤而以公理爲之辭，可以有待而早自困，耳食鮑焦、申徒狄、屈平之風而呻吟不以病，凡此者，又惡足以言性情哉！〔註56〕

「情不相襲」蘊藏日新又新、剛健不息的道德實踐，同時提醒人莫因一時的昏惰或取巧，而忽略生命修養是文學藝術創作的基礎，所謂「詩以道性情，道性之情也。性中儘有天德、王道、事功、節義、禮樂、文章，卻分派與《易》、《書》、《禮》、《春秋》去，彼不能代《詩》而言性之情，《詩》亦不能代彼也。」〔註57〕船山認爲詩的可貴，在於秉其眞實生命的自然流露，「地不襲，時不襲矣，所接之人、所持之己不襲」的存在獨特性，不僅是與天地合德，心與宇宙生命的感通，同時也是汲取詩意，導情爲善，趨向美善合一的審美境界。〔註58〕

「情不相襲」在人情往來，或臨終關懷、或悲傷輔導時，面對不同的個體，其獨特性與複雜性，也提醒著人們虛心以對，除了敬慎時地不襲外，切莫以現成的知識理論硬加諸「所接之人」與「所持之己」，蓋「所接之人」與「所持之己」其德命是「命日受，性日生」〔註59〕，「未成可成，已成可革」〔註60〕；而「所接之人」與「所持之己」已然形成的性情與執著，面對存在的支援與寬慰，如何在情不相襲與德命增長之間，取得最佳的抉擇，豈能一概論之？〔註61〕

---

〔註56〕見《詩廣傳》，卷一〈王風・論竹竿〉，《船山全書》第三冊，頁338。

〔註57〕《明詩評選》卷五，徐渭《嚴先生祠》評，《船山全書》第十四冊，頁1440～1441。

〔註58〕此意參考蕭馳：〈宋明儒的內聖境界與船山詩學理想〉，見《抒情傳統與中國思想——王夫之詩學發微》，頁238～250。

〔註59〕《詩廣傳》，卷四〈大雅、論既醉一〉，《船山全書》第三冊，頁454。

〔註60〕《尚書引義》，卷二〈太甲二〉，《船山全書》第二冊，頁301。

〔註61〕在此我想以生死學學者鄭曉江對於親人臨終告知的艱難抉擇作爲「情不相襲」之例。他提到面對岳母得癌，在生死學知識背景與眷顧岳母性情與偏見下，最後決定不告訴實情，不以常理常情告知，正是尊重「所接之人不襲」的特殊性。而在文末他語重心長的點出「我客觀地傾述了岳母去世的經過及自己的心路歷程，這說明再有豐富的生死學與生死哲學的知識也不一定能化解現實中千變萬化的生死問題；也許我可以超越自我的生死，也能夠儘快地撫平自我的哀傷情緒，但仍然無法解決沒有習得生死智慧的親人們的生死問題，畢竟死亡是每個人都必須要自我面對、自我承擔的人生結局。」見其《生死

船山除了反對「淫情」、「襲情」外，也反對不白之「匿情」對於生命的戕害。蓋生命感情當幾而發，實乃天地陰陽之氣變合感應，故以首篇〈關雎〉之作，言：

文者，白也，聖人之以自白而白天下也。匿天下之情，則將勸天下以匿情矣。〔註62〕

好的文學作品（船山以〈關雎〉爲聖人之作爲例），其能秉其眞摯的情感，不匿其哀（「悠哉悠哉，輾轉其側」），不匿其樂（「琴瑟有之」、「鐘鼓樂之」），坦然表白，此無邪之情思，正是感情教育之良方；反之，不能正視人性中所蘊之情，處處壓抑，未能舒發其情，強抑其流，其結果：

匿其哀，哀隱而結；匿其樂，樂幽而耽。耽樂結哀，勢不能久，而必於旁流。旁流之哀，懰慄慘憯以終乎怨；怨之不恤，以旁流於樂，遷心移性而不自知。〔註63〕

當情感無法暢幾而發，隱伏暗流終成情結，最後遷心移性猶然未察，此爲船山所深歎；弔詭的是於無可閃躲的死生之際，人已無法藉由原始的血氣強抑遮飾其怨怒哀樂等潛流時，昔日之情結未解則不時出沒以干擾，生命底層的情識終將竄出；但若能眞誠表白，有時反而是生命另一個改變契機，這也是安寧療護在靈性的照顧上特別會提到的「恩怨情結也需作個了斷，並且向家人親友及世界『道謝、道歉及道別』（謝謝、對不起、再見）」所謂生命最後的告白。〔註64〕

## 結　語

生死觀在船山的義理體系中雖不是船山思想的焦點，但船山以儒者素履孤行之命，懇切篤實，達情裕德，遂能以「乞活埋」的「活」，創造出「六經責我開生面」的生命價值。

本文集中論述在如何才能「裕」於死生之際？換言之，面對生死失落的達裕之道，船山提供了哪些精神資糧呢？結論如下：

（一）在生死工夫的認知上，強調死生之際的實踐工夫，由平日生活著

學》（臺北：揚智文化事業有限公司，2006年），〈後記〉，頁283～299。

〔註62〕《詩廣傳》，卷一〈周南、論關雎一〉，《船山全書》第三冊，頁299。

〔註63〕同上註。

〔註64〕見趙可式：《安寧伴行》，頁148。

手，以求義理之安。源自「貞生死以盡人道」的態度，船山給出「不惑」的力量；在「裕於死生之際」的實踐工夫上，從天人繼紹、心物相值相取的工夫根源中，瞭解情的性質與功用，遂能廣心餘情以裕德，「不懼」生死的威脅；能正本清源以治情，故生命暢達無隱匿，遂能「不憂」生死禍福利害得失，循情定性，從容以應事物。能「不憂」、「不懼」、「不惑」故坦然面對死生之際。

（二）透過瞭解情的性質與功用，善用其情，船山反對窒情、淫情、襲情與匿情，強調導情爲善，自達達人。讓感情成爲存在的力量，可以幫助人面對生死失落時得以安頓情志，並能助人伴人度過幽谷。

（三）藉由文學藝術等人文薰陶，以文節情，盪滌浈滯之情，可以讓人將負面的欲情能量轉向正面，復其「性之情」；並以廣心餘情的心量，不毗於憂樂，不失悲愉亦不陷悲愉，從容應物，不受死生命限所困，自能裕於死生之際。

# 第三章　報本反始，生死盡禮
# ——以《禮記章句》為切面的生死觀

## 前　言

《禮記章句》是王船山唯一的禮學著作，約五十七歲（1675 年）或之前已陸續撰寫，完成於五十九歲（1677 年）。〔註 1〕

船山在有關《禮記》的傳承上言：

> 《禮記》者，漢戴氏聖述所傳於師，備五禮之節文而爲之記也。《周禮》、《儀禮》，古禮經也。戴氏述其所傳，不敢自附於經，而爲之記，若《儀禮》之記，則列於經後以發明之焉。孔子反魯，定禮樂，引伸先王之道而論定其義，輯禮經之所未備而發其大義，導其微言。七十子之徒，傳者異聞而皆有所折衷，以致周末洎漢之儒者，習先師之訓，皆有紀述。小戴承眾論之後，爲纂敘而會歸之，以爲此書。〔註 2〕

〔註 1〕參酌王敔：〈大行府君行述〉及王之春：〈船山公年譜〉（簡稱王譜）的記載，船山授徒（章有謨等）講授所注《禮記》，時年五十七歲，見《船山全書》第十六冊，頁 75、348。唯劉毓崧：〈王船山先生年譜〉（簡稱劉譜），載章有謨來游於門，船山五十八歲，《船山全書》第十六冊，頁 240。張西堂：《明王船山先生夫之年表》（臺北：臺灣商務印書館，1978 年），頁 19，與王譜看法一致，故本文以船山五十七歲講授所注《禮記》爲可能撰寫《禮記章句》之年或更早一些。而船山完成《禮記章句》則諸譜相同，船山時年五十九歲：「秋七月，《禮記章句》四十九卷成」。

〔註 2〕見《禮記章句》，卷一〈曲禮上・序〉，《船山全書》第四冊，頁 11。

戴聖所編纂的《禮記》傳承儒家仁禮並重的精神，透過禮教、禮制的詮釋，涵括政、刑、教、學、禮、樂等種種分殊討論，有總論有分論，在內容上則是自三代以降至秦漢之際，有關儒學在禮源禮意禮文禮制等方面的總彙編，可以說是站在文化傳承的通脈中光大傳衍並彙聚成書的著作。

如果上一章〈船山《詩廣傳》中的生死觀〉是圍繞個體生死失落談如何「裕於死生之際」的踐行工夫，是偏向於一己修養及生命情意的安頓。那麼《禮記章句》在生死觀的意義上，則著重在船山《禮記章句》中所申發詮釋的「緣仁制禮」「仁以行禮」〔註 3〕所形成的人文禮儀，對於生者與死者一體關懷的喪葬祭祀的禮儀，表現在個人及文化上的深遠意義與價值。

換言之，在儒家的生死觀中，除了一己所面對的生死工夫之外，透過傳承的生命禮儀與人文節度的禮俗方式，在生死幽明之間的溝通與致意，亦是釋放悲傷的過程，安頓情意的重要途徑。當然，在這裡更有虔誠的宗教精神，敬天崇本尊生的義蘊在其中。

本文旨在探討船山《禮記章句》生死觀，主要聚焦於船山對於喪祭等禮儀所帶出的生死觀。喪祭禮在《論語》一書中，自孔門師生的對話與交談中，其重要性已不可言喻。《禮記》四十九篇中專章討論喪祭禮的有：〈喪服小記〉、〈喪大記〉、〈祭法〉、〈祭義〉、〈祭統〉、〈奔喪〉、〈問喪〉、〈服問〉、〈間傳〉、〈三年問〉、〈喪服四制〉，若再加上〈曲禮〉上下、〈檀弓〉上下、〈曾子問〉、〈郊特牲〉、〈大傳〉、〈禮運〉、〈禮器〉……等等，散入各篇中有關政教意義所呈現的喪祭禮的精神、儀軌、矩範，在在提醒喪祭禮從最初不捨的情意到慎終追遠的傳承精神，繁衍成一套繁複的「親親」與「尊尊」政教合一的禮儀文化，這人文設計的背後精神必然有它深遠的義涵。船山在氣化日新、幽明往來的天道思想與由本貫末、形色皆貴的重氣思維下，他如何講習《禮記》、體會《禮記》的旨意，在章句的訓詁之外，他如何詮釋《禮記》並掌握「禮」的本源與精神，亦是本文所要彰顯的重點之一。

因此，本文除了船山特別指出與《禮記》原文不同的見解，或特殊的詮解外，於必要時加以討論與標示；至於傳承儒家或《禮記》精神的部分，亦歸屬船山《禮記章句》生死觀。

〔註 3〕見〈禮記章句序〉，《船山全書》第四冊，頁 9。有關此二句之義理闡釋見後文。

# 第一節　《禮記章句》的研究現況及內容旨意

## 一、《禮記章句》的研究現況

林存陽著《清初三禮學》，以學術思想史的脈絡看《三禮》在清初的研究現況，在第三章經學諸大師的三禮學研究時，曾言：

> 向來論夫之學者，多注目於其哲學研究，於其禮學成就多有忽略。其實，細繹他所著《禮記章句》，其禮學成就亦斐然可觀，且其禮學思想中，亦貫穿其哲學主張。〔註4〕

> 王夫之著爲《禮記章句》，並非單純地考察《禮記》，亦不是單純地論證其哲學體系，而是將學術思想貫穿到修己爲治的高度去審視，以期有益於世運人心。〔註5〕

作者因爲放在清初的大脈絡去看《三禮》的發展，有限的篇幅，亦僅能概述船山在《禮記》中所闡釋的本末體用相貫的禮學思想梗概。

而章啓輝〈船山禮學的時代精神〉〔註6〕一文中，探討的重心以宏觀概覽的方式，勾勒船山在鼎革之際，面對改朝換代的變遷，特別標舉船山在反思傳統，反省理學，由空談心性向經世致用的過渡與轉化，在禮學精神的發揮上具有的鮮明時代特徵。故船山禮學的時代精神有三點：首先，強調《禮》的精神在於務實與躬行；其次，則是即人欲說禮：禮本於天而動於地；最後以救國，莫急於禮，船山棲隱幽居所思不再是反清復明的問題，而是更深層的文化救亡問題。因此，船山所謂的「夷夏」，本質上，不以種族別之，而是以社會文明進展的程度爲尺度。

以上一書一文都可以增進對船山禮學的了解，然對於船山在喪祭禮中的義理，不在其研究的重點，故未加以闡述。與本文研究最直接並有參考價值的是唐君毅對於禮記的研究及對王船山重氣與人文化成的闡述內容，及曾昭旭在《王船山哲學》第二編表述的〈船山禮學〉論船山禮之精意；其次是林碧玲的「王船山之禮學」〔註7〕，與陳章錫在王船山等禮學的研究基礎上，各有其長，在下文引述時並論之，故暫略省去。

---

〔註 4〕見林存陽，《清初三禮學》（北京：社會科學文獻出版社，2002 年），頁 221。
〔註 5〕見林存陽，《清初三禮學》（北京：社會科學文獻出版社，2002 年），頁 226。
〔註 6〕見章啓輝，〈船山禮學的時代精神〉，《船山學刊》，2001 年第一期。
〔註 7〕見林碧玲，《王船山之禮學》，政治大學中文研究所碩士論文，1986 年。

## 二、《禮記章句》的內容旨意

根據王敔〈大行府君行述〉的敘述：

> 三桂兵無紀律，晝掠夜劫，搜及窮谷。值華亭章司馬次公子（有謨）南遊阻道，亡考延入山中，晝共食蕨，夜共然藜，以所注《禮記》授之，夜談至雞鳴爲常。游兵之爲盜者竊聽而異之，相戒無犯焉。〔註8〕

船山五十七歲在山中避難時，講授所注《禮記》，不僅及門入室弟子共聚一堂外，連兵賊盜徒聽講後，亦能「相戒無犯」，留下美談。船山歸隱山林之後〔註9〕，其著作有一部分是爲了講學授徒的需要而編纂的教材，以接引後學，這一系列的著作除了《禮記章句》外，還有《周易內傳》、《四書訓義》、《正蒙注》、《莊子解》、《楚辭通釋》數種。

根據傳統經書章句注疏的體例，漢學家著重分章逐句的訓詁和考證辨謬，宋學家著重在義理的申述，「我注六經，六經注我」的思想闡發與詮釋。而船山《禮記章句》融合漢宋經傳的特色。在體例上，每篇之前有一總述論說，闡明此篇之大旨或辨源或醇疵等考辨之分析；然後分章逐句訓釋，並於每章之後，視其所需，撮述章旨、申發義理、考釋名物或有所批評等。船山的思想亦隨著章句體的注釋，融滲貫通於《禮記章句》中，除了傳承《禮記》的精神外，亦彰顯船山禮學的特色。

在《禮記章句・序》的末段，船山云：

> 夫之生際晦冥，遘閔幽怨，悼大禮之已斬，懼人道之不立，欲乘未死之暇，之溯《三禮》，下迄漢、晉、五季、唐、宋以及昭代之典禮，折衷得失，立之定斷，以存先王之精意，徵諸實用，遠俟後哲，而見聞交詘，年力不追，姑取戴氏所記，先爲章句，疏其滯塞，雖於微言未之或逮，而人禽之辨、夷夏之分、君子小人之別，未嘗不三致意焉。天假之年，或得卒業，亦將爲仁天下者之一助。倘終不逮，則世不絕賢，亦以是爲後起者迺言之資也。〔註10〕

在序文中，船山身逢亂世，禮壞樂崩，典禮不彰，憂患人道不立，在見聞及暮年心力多少受到某種的限制，仍勉力而爲，欲爲後世傳「禮」，以彰人道。

〔註 8〕見《船山全書》第十六冊，頁 75。
〔註 9〕參見附錄三〈王船山簡譜及著作年表〉。
〔註10〕見〈禮記章句序〉,《船山全書》第四冊，頁 10。

因此透過戴聖的《禮記》，先以章句形式，疏解滯塞，對於一時不及深論的微言大意，只好暫時作罷；但對於「人禽之辨、夷夏之分、君子小人之別，未嘗不三致意焉」，從這裡可以看出船山在《禮記章句》的重點，其念茲在茲的有三項重點：其一、禮與人道的關係而嚴「人禽之辨」；其二、傳文化命脈的「夷夏之分」；其三、禮與德性修養的關係而言「君子小人之別」。換言之，船山的「章句」不是漢學家基本的訓詁疏釋，其言章旨或申述義理，更願佑助禮行天下，或供後起者資藉爲用，所謂「折衷得失，立之定斷，以存先王之精意，徵諸實用，遠俟後哲」，其寄懷之深，遠超過應科舉之用的纂詁，對於明朝流行的版本——元．陳澔《禮記集說》，提出批判：

> 明興，昭定《五經》，徒取陳氏之書，蓋文學諸臣之過，而前無作者，不能闕以姑待，取辦一時學宮之用，是其爲失蓋有由然，而亦良可憾已。〔註11〕

當《禮記》不再是依禮躬行，修己治人的準則，反而淪爲科舉的工具時，《禮記集說》的支離蕪敝，《禮記》一書中的微言深意不再是關注的焦點，踐行履禮的教化意義更顯得渺遠了，正是船山所謂的「禮蠹」：

> 禮待人而行，……君子敦仁以致順，則禮達於上下；小人飾文以竊理，徒爲禮蠹而已矣。〔註12〕

船山爲何以《章句》命篇成書？主要是紹承朱子分別對〈大學〉和〈中庸〉兩篇作《章句》，劉人熙在〈日記〉云：

> 船山先生《禮記章句》，因《大學》《中庸》有朱子《章句》而作也。四十九篇，皆以《學》《庸》爲例，而《學》《庸》兩篇則仍朱子之舊，略伸朱旨，名之曰「衍」，示朱子所注已造其極，毋庸饒舌云爾。此書取注疏之長而去其短，駕陳雲莊而上之，他日當有列之學宮以代雲莊書者。（光緒十二年正月初二日）〔註13〕

船山對於朱子已作的《大學章句》、《中庸章句》，對於朱子造極成就持肯定態度，故而收入其中，僅作「衍」義。而劉氏更進一步的提到船山《禮記章句》能「取注疏之長而去其短」，故劉氏評價遠高於陳澔（雲莊）的《禮記集說》。

---

〔註11〕同上註。

〔註12〕見〈禮運〉，《禮記章句》卷九，《船山全書》第四冊，頁571～572。

〔註13〕見《船山全書》第十六冊，頁877。

## 第二節　船山重氣思想與生命禮儀的關係

船山之重氣思想，肯定形色皆貴，對於《老子》書中以五色、五聲、五味之歸怨於物；或浮屠以「塵」鄙視形色，提出「性見其功，而物皆載德」的儒者之本懷：

> 老氏曰：「五色令人目盲，五聲令人耳聾，五味令人口爽」，是其不求諸己而徒歸怨物也，亦愚矣哉！……五色、五聲、五味者，性之顯也。……五色、五聲、五味，道之撰也。夫其爲性之所顯，則與仁、義、禮、智互相爲體用；其爲道之所撰，則與禮、樂、刑、政互相爲功效。劣者不知所擇，而興怨焉，則噎而怨農人之耕，火而怨樵者之薪也。人之所供，移怨於人；物之所具，移怨於物；天之所產，移怨於天。故老氏以爲盲目、聾耳、爽口之毒，而浮屠亦謂之曰「塵」。……色、聲、味自成其天產、地產，而以爲德於人者也。己有其良貴，而天下非其可賊；己有其至善，而天下非其皆惡。於己求之，於天下得之，色、聲、味皆亹亹之用也。求己以己，則授物有權；求天下以己，則受物有主。授受之際而威儀生焉，治亂分焉。故曰：「威儀所以定命。」命定而性乃見其功，性見其功而物皆載德。優優大哉！威儀三千，一色、聲、味之效其質以成我之文者也。至道以有所麗而凝矣。〔註 14〕

此義洵美，首先船山區分物之色、聲、味非修行之障籬，人之所以有目盲、耳聾、口爽之失，不在物而在人之喪失主體之品節能力〔註 15〕，五色、五聲、五味是天人物三者之產彙，所謂性顯道撰天（地）產之合，立德於己，攝持以心，色、聲、味皆是載本之禮文，亹亹用於視聽言動之威儀，而「威儀三千」正是生命禮儀的矩範與養成，故禮物禮器之禮文的儀節矩度正是天道性命人情之生成與涵養的表現，其優美昌裕之萬殊，正是麗道之文，故船山於是言：

> 色、聲、味之授我也以道，吾之受之也以性。吾授色、聲、味也以

〔註 14〕見〈顧命〉，《尚書引義》卷六，《船山全書》第二冊，頁 407～408。

〔註 15〕在〈大雅・論文王三〉亦有類似看法：船山認爲所謂的縱欲，其實是「過之而已。縱其目於一色，而天下之群色隱，況其未有色者乎？……無過之者，無所不達矣。故曰：『形色，天性也。』」見《詩廣傳》卷四，《船山全書》第三冊，頁 439。

性，色、聲、味之受我也各以其道。樂用其萬殊，相親於一本，昭然天理之不昧，其何咎焉！〔註 16〕

因此，樂用萬物，及物潤物，物我授受往來，皆一本於道與性，色、聲、味得其正，又何移怨於物，視爲「塵」垢？

在《禮記章句》一書中，船山發揮此義甚多：

天下之物莫不有自然之秩敘以成材而利用，天之禮也。天以是生人而命之爲性，則禮在性中而生乎人之心矣。竹箭有筠，是以內固；松柏有心，是以外榮。內外交養之道，天之所以化育萬物，人之所以修德凝道，皆此而已矣。禮行乎表，而威儀即以定命；禮謹於內，莊敬成乎節文。暢於四肢，發於事業，歷乎變而不失，則唯禮以爲之幹也。〔註 17〕

禮非道家之由外加於人性的治具，相反的，禮源自天命生乎人心〔註 18〕，而自然之物亦如禮之秩敘以成材而利用，以顯天物之價值；「禮行乎表」與「禮謹於內」，處內外交養之主幹，顯示出禮在修德凝道過程中，所謂：

禮之節文見於事爲，形而下之器，地之質也。性，安也。形而上之道，有形而即麗於器，能體禮而安之，然後即此視聽言動之中，天理流行而無不通貫，乃以凝形而上之道於己，否則亦高談性命而無實矣。〔註 19〕

船山與橫渠同是重氣重存在的思想家，故比一般重心（如陸王）、重理（如程朱）的理學家重禮，其釋橫渠「知及之而不以禮性之，非己有也。」的這段文字，言「形而上之道，有形而即麗於器，能體禮而安之」，除了個人之修德凝道之表現外，其內外交養之道，尚有客觀的人文化成之深義，誠如唐君毅言：

船山所宗之橫渠者，宋代儒者重禮者，亦重氣者也。漢儒較宋儒尤重禮，而漢儒即重氣者也。荀子在先秦重禮者也，亦重氣者也。謂

〔註 16〕見〈顧命〉，《尚書引義》卷六，《船山全書》第二冊，頁 409。

〔註 17〕見〈禮器〉，《禮記章句》卷十，《船山全書》第四冊，頁 580。

〔註 18〕此義在《禮記章句》中頗多：「禮原於天而爲生人之本，性之藏而命之主也，得之者生，失之者死，天下國家以之爲正，唯聖人知天人之合於斯而不可斯須去，所爲繼天而育物也。」見〈禮運〉卷九，《船山全書》第四冊，頁 571。

〔註 19〕見〈至當篇〉，《正蒙注》卷五，《船山全書》第十二冊，頁 218。

> 禮爲理，謂禮爲恭敬之心，辭讓之心是也。然不足盡社會文化意義之禮儀威儀也。……然不形於禮儀、威儀之貌，則不足以共喻。……不足化民成俗。不能化民成俗，則終只爲主觀精神，而不能成客觀之共同之精神之表現，而非社會文化。……船山則正能處處扣緊氣之表現，以言禮意者也。故謂禮不只在外，亦不只在內，不只在心，亦不只在身在物；不只在心性，亦不只在形色；不只在我，亦不只在人；而在內外之合，己與物之相得，天性之見于形色之身，顯爲天下人所共見之際。如是而禮之爲客觀精神之表現于文化之意，乃無遺漏也。〔註20〕

禮的精義與可貴，其全幅之展開正是「內外之合，己與物相得，天性之見于形色之身，顯爲天下人所共見之際。如是而禮之爲客觀精神之表現于文化之意」。

因此，船山在〈禮記章句序〉云：

> 易曰：「顯諸仁，藏諸用。」緣仁制禮，則仁體也，禮用也；仁以行禮，則禮體也，仁用也。體用之錯行而仁義之互藏，其宅固矣。人之所以異於禽獸，仁而已矣；中國之所以異於夷狄，仁而已矣；君子之所以異於小人，仁而已矣。而禽獸之微明，小人之夜氣，仁未嘗不存焉；唯其無禮也，故雖有存焉者不能顯，雖有顯焉者而無所藏。故子曰：「復禮爲仁。」大哉禮乎！天道之所藏而人道之所顯也。〔註21〕

在這裡船山提出兩個重要概念：「緣仁制禮」與「仁以行禮」的體用本末關係。前者「緣仁制禮」源自自覺之主體（以體言仁體；以人言聖賢君子者），其創制的果實爲「禮」文之用，強調禮的起源與大本，乃緣自於「仁體」，其用爲「禮」；後者則由郁郁乎、繩繼不絕之生命禮儀禮節等人文教養中，談中國之禮教與禽獸、夷狄之別不在「仁心」之明存，乃缺乏蘊育客觀倫理教化之「禮教」所傳承的人文理想。沐浴在這文化體的百姓，受其陶養與感召，故言其禮文或文化禮爲「禮體」，受其引發而出於眞誠之心以實踐，則其用爲「仁」，遂言「仁以行禮」。而「仁」在這裡，也包含了裁物成物，因革損益之拿捏分

〔註20〕見唐君毅：《中國哲學原論：原教篇》（臺北：臺灣學生書局，1984 年），頁635。

〔註21〕見《禮記章句》，《船山全書》第四冊，頁9。

寸的自覺選擇。

「緣仁制禮」亦可由船山由本貫末的思想來分析，「本」是天道仁心，「末」是物、器，「緣仁制禮」乃崇「本」貫「末」之思想，本大末亦不小，本末通貫爲一時，物不只是物、器不只是器，其爲「禮物」、「禮器」，皆是「禮之所運」，故言：

形而上者道也，禮之本也；形而下者器也，道之撰也。禮所爲即事物而著其典，則以各適其用也。……運之者體也，而用行焉；成乎器者用也，而要以用其體。〔註22〕

「仁以行禮」，彰顯文化體的「本末通貫爲一體」之意，人可以優游涵泳其中，而一旦文化體少了仁心自覺，「禮教」僵化或成教條、無法傳達人間情意，反而是造成人心阻隔之障礙時，此時，仁體之本，就成了豁醒文化體的源頭活水。故言仁的重要性：

仁者大一之緼，天地陰陽之和，人情大順之則，而爲禮之所自運，……子曰：「人而不仁，如禮何！」明乎此，則三代之英所以治政安君，而後世習其儀者之流於倍逆僭竊，其得失皆緣於此，所謂「道二，仁與不仁而已」也。〔註23〕

「大一」即是船山之實體義，是「誠」、「中」、「仁」、「順」、「天之德」、「人之性」、「禮之緼」，乃就實體不同面相而來的表詮，是禮之所本〔註24〕，禮之所自運之源。制禮行禮與僭禮習儀者之別，關鍵就在仁心覺與不覺，遂有天壤之分。

船山之「緣仁制禮」與「仁以行禮」恰是「仁」、「禮」兩端，體用互涵、互藏其宅、交相互發的一致表現。而重氣重存在之船山，處時代之鼎革與文化之斷裂時期，其憂心華夏文化之變故，特凸顯文化之禮體的存在價值，故語重心長喟歎「大哉禮乎！天道之所藏而人道之所顯也。」

〔註22〕見〈禮器・序〉，《禮記章句》卷十，《船山全書》第四冊，頁579。

〔註23〕見〈禮運〉，《禮記章句》卷九，《船山全書》第四冊，頁573。

〔註24〕船山在釋「是故夫禮必本於大一，分而爲天地，轉而爲陰陽，變而爲四時，列而爲鬼神。」言：「大」，至也。至一者，理無不函、富有萬殊而極乎純者也。語其實則謂之誠；無所感而固存、四應而不倚，則謂之中；其存於人而爲萬善之所自生，則謂之仁；其行焉皆得而不相悖害，則謂之順。天之德，人之性而禮之緼也。見〈禮運〉，《禮記章句》卷九，《船山全書》第四冊，頁569。

## 第三節　報本反始，生死盡禮的生死觀

船山即氣言體，天地以陰陽二氣變化而云：

> 自天地一隱一見之文理，則謂之幽明；自萬物之受其隱見以聚散者，則謂之生死；自天地至足之體以起屈伸之用，而生死乎物者，則謂之鬼神。天地之道，彌綸於兩間者，此而已矣。〔註25〕
>
> 《易》言往來，不言生滅，「原」與「反」之義著矣。以此知人物之生，一原於二氣至足之化；其死也，反於絪緼之和，以待時而復，特變不測而不仍其故爾。生非創有，而死非消滅，陰陽自然之理也。〔註26〕

船山所謂的天地，不是自然界的物質存在，其言人物陰陽二氣變化之屈伸聚散往來彌綸天地間，其天地之場域乃宇宙之意識。天化乃道之絪緼全體，陰陽二氣之變化，生死幽明不過一聚一散，或一隱一見。人因耳目見聞受限，其幽非理氣之本無〔註 27〕，故氣化幽明往來非有無之生滅，所謂「來也非無本……其往也非消散而滅」〔註28〕，就儒家「天地之大德曰生」，其宇宙之天化乃富有日新之往來，非生滅之有無。

然芸芸眾生，即有限之耳目見聞，見生死斷裂之痛，幽明遠隔，其哀戚悼傷逾恆，尤其是親子根脈相連，其生死遽別的哀思之慟，終難釋懷。在傳統文化禮俗上，喪祭禮在《儀禮》與《禮記》的記載中，留下不少寶貴的禮儀形式與其深刻義涵的精意。雖然禮的形式有因革損益，因時因地因人制宜之處，若此文化體以活水之源，承載有本之禮，著於禮文，其能適時撫慰人心、節度哀情，喪祭禮的精神與價值，此刻最能切己體貼。因此，船山言：

> 禮者，以達情者也。禮立則情當其節，利物而和義矣。〔註29〕

在繁複的喪葬祭祀的人文設計背後，每一個儀軌細節的安排背後，從形而上的天道人心到社會禮俗人情的安頓，皆有制禮者深意的設計。例如：透過繁複的生命告別儀式，在不同的環節過程中，讓生者一次次地抒發哀戚之情，讓死別不是驟斷的裂溝，如入黑洞的遙無不可知，而是細膩的「禮立則情當

〔註25〕見〈繫辭上傳第四章〉，《周易內傳》卷五上，頁 521。
〔註26〕見〈繫辭上傳第四章〉，《周易內傳》卷五上，頁 520。
〔註27〕另見〈大易篇〉，《正蒙注》卷七，《船山全書》第十二冊，頁 272。
〔註28〕見〈繫辭上傳第四章〉，《周易內傳》卷五上，《船山全書》第一冊，頁 520。
〔註29〕見〈禮運〉，《禮記章句》卷九，《船山全書》第四冊，頁 559。

其節」，在儀節往來致意中曲盡人情。故船山言：

> 先王制禮，繼承天道，抑順人情，此章乃言天道人情合一之理，明人之有情，率原於天道之自然，故王者必通其理以治情，而情無不得，則禮之所自設，深遠普遍而爲生人之急者，其愈明矣。〔註 30〕

船山點出禮的可貴與價值乃是天道人情合一之理，因爲切身普遍，故能影響深遠。

本文的重點既以船山《禮記章句》爲詮釋的文本，試著抽繹船山在生死關懷與相關的禮儀章句衍義之餘，所帶出的生死觀，故不從完整的生命禮儀角度看《禮記》的生死觀。〔註 31〕

船山表彰樂正子春繼承孔門「誠身以立人道」〔註 32〕，其釋「吾（樂正子春）聞諸曾子，曾子聞諸夫子曰：『天之所生，地之所養，無人爲大。父母全而生之，子全而歸之，可謂孝矣。』」此段文字如下：

> 得天氣以生，故生屬天；食地之味以長，故養屬地。「無人爲大」者，言無有如人之大也。萬物莫不生養於天地，而天地無心而成化，遍育萬物而無所擇。吾知所以得爲人者，父母也，故乾坤者人物之父母，而父母者人之乾坤也。人之所以異於禽獸者，禽獸有其體性而不全，人則戴髮列眉而盡其文，手持足行而盡其用，耳聰目明而盡其才，性含仁義而盡其理，健順五常之實全矣。全故大於萬物而有與天地參，則父母生我之德昊天罔極，而忍自虧辱以使父母之身廢而不全，以同於禽獸乎？人子能體此而不忘，孝之實也。〔註 33〕

船山這段文字與横渠〈西銘〉義涵相近。天地生養萬物、遍育萬物乃無心而化，故言「乾坤者人物之父母也」；而吾之所以得爲人身，蓋由父母而來，所謂「身也者，父母之遺體也」〔註 34〕，故言「父母者人之乾坤也」。此有甚深敬謹之宗教意識蘊其中。天化無擇，然人之所以異於禽獸是得「健順五常之實全」，故人道之擇乃在「盡其文」、「盡其用」、「盡其才」、「盡其理」，以此報本反始：「全而生之」、「全而歸之」，才是無忝所生的孝之實，遂言：

---

〔註 30〕見〈禮運〉，《禮記章句》卷九，《船山全書》第四冊，頁 569。

〔註 31〕這一角度已有不錯的研究成果，請參見林素英：《古代生命禮儀中的生死觀——以《禮記》爲主的現代詮釋》（臺北：文津出版社，1997 年）一書。

〔註 32〕見〈祭義〉，《禮記章句》卷二十四，《船山全書》第四冊，頁 1135。

〔註 33〕見〈祭義〉，《禮記章句》卷二十四，《船山全書》第四冊，頁 1134。

〔註 34〕見〈祭義〉，《禮記章句》卷二十四，《船山全書》第四冊，頁 1129。

> 敬身以敬親，故無往而不盡其所當爲，乃可以守身而事親。〔註35〕

對於生命根源的崇敬與盡禮之處，船山對於誤讀《孝經》、錯置本末者，提出嚴厲批判：

> 自第十二章以下，皆雜引論孝之言，以終「唯孝子爲能饗親」之意。顧其言之大者，雖推及廣遠，而要皆因心以推體用一原之理，非謂孝子之德必恢張廓大，立身揚名，承志色養之爲末也。此章則尤切及於孝子用心之實，以見敬身之道不舍孝弟而別爲一端，則記者之示人約矣。後世不察於《孝經》「顯親」之說，乃以身名爲重，敬養爲輕，恣其汩沒名利之私心，而藉顯親以爲口實，……苟求富貴利達，而自謂不獲於忠、且盡其孝，禽行猖，人心滅，其禍烈矣。〔註36〕

孝親敬身之道，饗親不遺小，不略末，理當承志色養不舍孝弟端源，而後人以「顯親」之「身名爲重，敬養爲輕」，汩利忘身，何足以盡孝之實？〔註37〕

在個人及面對親人死生之際時，當如何處之呢？船山語：

> 君子之自處其死也，必正而無偷安畏戀之情；處其親之死也，亦必以正而不爲姑息狎暱之愛。是豈有所矯而然哉？君子之於身無不敬也。其於親亦無不敬也。死，命也；哀，情也。順命而極用其情，一之以敬，則並行而不悖矣。既不爲細人之鄙褻哀瞀而不恤理之所安，而亦非若異端之矯強張皇立異而以求別於夫人之死也。知此者，可與語死生之際而事其親矣。〔註38〕

自處臨死之際，以正命安命，不戀棧的態度處之；處親人之死則以順命哀情的端正態度處之，敬身用情之正，行諸事親，何患於死生之際！

祭禮「合幽明、親本始」〔註39〕、「報本崇孝而爲大順之德」〔註40〕，「五者（致反始、致鬼神、致和用、致義、致讓）五禮之大綱，而唯祭爲備之。」

---

〔註35〕同上註。

〔註36〕見〈祭義〉，《禮記章句》卷二十四，《船山全書》第四冊，頁1135～1136。

〔註37〕船山在釋「孝有三：大孝尊親，其次弗辱，其下能養。」時，亦強調所謂：言「大」言「次」言「下」者，自其事而言之爾。讀者當以意通之，勿重入爵而輕天性之愛也。見〈祭義〉，《禮記章句》卷二十四，《船山全書》第四冊，頁1127～1128。

〔註38〕見〈喪大記〉，《禮記章句》卷二十二，《船山全書》第四冊，頁1042～1043。

〔註39〕見〈祭統〉，《禮記章句》卷二十五，《船山全書》第四冊，頁1145。

〔註40〕見〈祭統〉，《禮記章句》卷二十五，《船山全書》第四冊，頁1157。

〔註 41〕祭祀之禮處幽明往來、天人交際、齋戒感通、慎終追遠等精義，富含生死傳承與成德教養的內涵，深受古今重視。

生者與亡者透過祭禮的儀式，由生死斷裂到重新接續連結的如在過程，其精神性、純粹性的存在，在祭祀的時空裡際會，具有洗心藏密之功效。船山言祭禮，尤爲諄懇：

> 君子之於其親，存沒一致，恆存於心，故繇是以起敬而見聞不爽，如遇其素。〔註 42〕

> 人之沒也，形陰於土，氣散於空，而神志之返於漠者，寓於兩間之氣以不喪其理，故從其情志所專壹者而以情志通之，則理同而類應。蓋唯孝子慈孫本自祖考而來，則感召以其所本合之氣而自通，此皆理氣之固然……。〔註 43〕

> 「見其所祭」者，所謂「僾然」、「肅然」、「愾然」，若聞其聲，若見其容也。蓋古之君子，其祭也，以仁事天，以孝事親。天者人所自生，祖者己所自出，氣之所受，理自通焉，故若聞若見，誠至而不爽，非能於氣類之不親者強求而輒見之也。〔註 44〕

當人以虔誠致意，孝子慈孫與列祖列宗根脈相連，理氣相通，情志相合，固能「若聞其聲，若見其容」、「如遇其素」、「見其所祭」者之「僾然」、「肅然」、「愾然」之存在。

因此，船山釋「文王之祭也，事死者如事生，思死者如不欲生；忌日必哀，稱諱如見親；祀之忠也，如見親之所愛，如欲色然。」云：

> 「事死如生」，繼志述事，不忝所生也。「思死者如不欲生」，終身哀慕也。「忌日必哀」，銜恤以居也。「稱諱如見親」，人或觸犯，瞿然怵惕也。文王之素不忘親也如此其摯，而於當祭之日，誠意惻怛，如見親所嗜而欲饗之，戀慕迫切如好色之誠，則積孝通於神明，而臨事尤爲加篤，所謂「唯孝子爲能饗親」也。〔註 45〕

孝子終身敬慕父母，存沒一致，繼志述事，不忝所生；饗親不絕，孝道不匱，

〔註 41〕見〈祭義〉，《禮記章句》卷二十四，《船山全書》第四冊，頁 1117。
〔註 42〕見〈祭義〉，《禮記章句》卷二十四，《船山全書》第四冊，頁 1104。
〔註 43〕見〈祭義〉，《禮記章句》卷二十四，《船山全書》第四冊，頁 1103。
〔註 44〕見〈郊特牲〉，《禮記章句》卷十一，《船山全書》第四冊，頁 667～668。
〔註 45〕見〈祭義〉，《禮記章句》卷二十四，《船山全書》第四冊，頁 1106。

通於神明，全歸盡天，此乃報本反始、生死盡禮之極致。

## 結　語

本文在探析船山《禮記章句》在生死觀的意義上，先就船山以氣化幽明聚散往來的重氣思想，見宇宙乃富有日新之變化，非生滅之有無，故肯定形色皆貴，五色、五聲、五味皆可以是載德之物，麗物之文。

其次，就闡述船山「緣仁制禮」與「仁以行禮」的精蘊，在體用本末互函的思維中，形成「仁心自覺」與「文化禮體」的辨證關係加以闡發。由仁心之本通貫到文化體之末時，本大末亦不小。

因此所形成的人文喪祭禮儀的文化體，對於生者與死者的一體關懷，從抒發哀思到繼志述事，從孝親到饗親，從斷裂的喪禮到存有接續的祭禮，船山在《禮記章句》的生死觀中，凸顯報本反始、生死盡禮的特色。

# 第四章　物我一原，死生一致
## ——以《正蒙注》爲切面的生死觀

## 前　言

《張子正蒙注》（以下簡稱《正蒙注》）是王船山（1619～1692 年）晚年重要的著作，寫成於六十七歲（1685）、重訂於七十二歲（1690）〔註 1〕時，鎔鑄自家易學思想〔註 2〕，注解並闡述《正蒙》精微的義理著作。

博涉多方的船山之學，終以橫渠爲歸宿，並自題墓石云：「希張橫渠之正

〔註 1〕〈張子正蒙注編校後記〉一文中，提到在鈔本之一的末葉有「乙丑孟春月下旬丁亥成庚午季夏月重訂」，按乙丑孟春月下旬丁亥爲清康熙二十四年（1685）正月二十七日，船山六十七歲；庚午季夏月爲清康熙二十九年（1690）六月，船山已七十二歲。見《船山全書》第十二冊，頁 390。

〔註 2〕船山最後一部易學著作《周易內傳》六十七歲完成，《周易內傳發例》於六十八歲完成。由於重訂《正蒙注》更遲船山已七十二歲，故《周易內傳》與《正蒙注》何者在前在後的爭議，已然明白。按：蕭萐父《船山哲學引論》（南昌：江西人民出版社，1993 年）中〈王夫之年表〉，頁 245，「王夫之六十七歲，孟春寫成《張子正蒙注》九卷」又言「九月，病中勉爲門人講解《周易》，而寫《周易內傳》十二卷」，據此則《正蒙注》在前，《周易內傳》在後。與劉榮賢《王船山張子正蒙注研究》（東海大學中文研究所碩士論文，1983 年）第一章之推論不同，後者認爲《正蒙注》必較《周易內傳》晚出，其經由《周易內傳》與《正蒙注》之比較，從「乾坤並建」、「太極」、「神」等互見於兩書之觀念，藉其敘述詳略之現象考索。並由二書對朱子、張子態度之轉變，及船山對張子易學之評論態度，以及太虛觀念未見於《內傳》等現象加以考察，以證明《正蒙注》必較《內傳》晚出，詳細考索請參閱其書。按：劉氏從內部理路的考索，與鈔本文獻著述時間先後記錄相近；不過在相近的結論下劉氏之考索可以看到船山的思考軌跡。

學」，足見其歸宗正學的自覺選擇。

宋明理學家面對唐五代以來，「儒門淡薄，收拾不住」，由於缺乏一套完整的形上思想體系，與佛老思想相抗衡；先秦儒家典籍在經學家繁瑣的注疏範囿下，無法生發生命智慧。自唐中葉韓愈即發回歸儒家文化之先聲〔註3〕，倡聖學闢佛老，雖未形成風氣，而端芽已見，須等到北宋整個學術土壤成熟，重視文教，講學風氣形成，人才輩出，遂形成一股新的學術風氣，故《宋史》在「儒林傳」外，特立「道學傳」，以標示其不同於先秦儒家的精神風貌。而什麼是道學家（理學家）的共同的主題呢？簡言之，面對當時佛老盛行的時代課題，豁醒儒家形上思想、並論天人性命相貫的心性天理，作爲人生實踐的準則，以立人極，達到個體人格與政治社會的雙層圓善化。〔註4〕

佛教以「生死大事」作爲修行的根源，以達到了生脫死的境地，此亦衝擊挑戰理學家對於生死的終極思維，在儒家基本義理的繼承與發展上，固然有共同的趨至與關懷，而在接引後學或論題上，由於側重角度不同，突顯之處亦有微別〔註5〕，本文擬從重氣一系〔註6〕——船山《正蒙注》作爲探討儒

---

〔註3〕見陳寅恪先生〈論韓愈〉，見《金明館叢稿初編》（北京：三聯書店，2001年），他認爲「退之者，唐代文化學術史上承先啓後轉舊爲新關捩點之人物也。」（頁332）其於唐代文化史上的特殊地位有六門：一曰：建立道統證明傳授之淵源；二曰：直指人倫，掃除章句之繁瑣；三曰：排斥佛老，匡救政俗之弊害；四曰：呵詆釋迦，申明夷夏之大防：五曰：改進文體，廣收宣傳之效用；六曰：獎掖後進，期望學說之流傳。由上述六點，簡言之，韓愈除了推動文體改革運動外，其在思想上重建儒學的正統地位，用心亦不遺餘力。

〔註4〕雖然不同理學家心性體驗工夫容或不同、心性天或理氣詮解系統各有倚重，內聖之學——成德之教實爲當時學術重心，但作爲儒家的終極關懷——內聖外王的理想則相同，此爲儒者與佛老最大的不同處。

〔註5〕如：陽明側重心性體認，由〈蕭惠問死生之道〉可知一般。弟子問「死生之道」，答「知晝即知死生」，進一步問「知晝之道」時，陽明以「此心惺惺明明，天理無一息間斷，才是能知晝。這便是天德。便是通乎晝夜之道而知，更有甚麼死生？」見陳榮捷：《王陽明傳習錄詳註集評》（臺北：臺灣學生書局，1983年），頁149。有關陽明生死觀特色，可參考姜允明：〈從王陽明在龍場「爲石墎」談明儒的生死觀〉一文，見《哲學年刊》第十期，1994年6月。有關朱熹生死觀方面討論，可參考日人福田殖著、連清吉譯：〈朱熹的死生觀〉一文，見鍾彩鈞主編：《國際朱子學會議論文集》（臺北：中央研究院中國文哲研究所籌備處出版，1993年）。

〔註6〕本文用「重氣一系」，源自唐君毅說法。他以張載和船山重氣的哲學觀特顯宗教意識遂言：「船山哲學中，則不僅敬心敬理，而特重敬天，並屢斥人妄同天者爲僭天。其說乃原於張子。張子西銘以天地乾坤爲父母，欲人之移孝父母之精神以孝天地，乃論人可上合乎天，而不言同天。其『吾茲藐焉』之言，

家氣化一系的生死智慧與特色。

橫渠與船山二人雖然同屬是重氣一系，亦皆深造以《易》，此爲思想相契之處，但一處在理學之發展初期〔註 7〕，一處在對於宋明理學總結之批判上〔註 8〕，由於面對不同的時代課題立論與發揚，亦有所不同，故船山思想與橫渠之異同，在學術研究上亦有專文討論。〔註 9〕

---

實表示一對天地之虔敬。橫渠與船山對天地之虔敬，正爲一種宗教意識，而爲彼等之重氣之哲學必然結果。」《中國哲學原論原教篇》（臺北：臺灣學生書局，1984 年），頁 629～630。筆者由此啓發，故用此語，作爲詮釋起點。

〔註 7〕見本文第一節內容。

〔註 8〕見本文第二節內容。

〔註 9〕如：甲、張豈之〈論王夫之的《張子正蒙注》〉，見湖南省與湖北省哲學社會科學學會聯合會合編：《王船山學術討論集》（北京：中華書局，1965 年），文中特別強調船山獨創性，其言：「王夫之肯定『氣』的存在的絕對性……，而絪緼太和之中本來就包含著陰陽二氣的對立關係……，他在批評道學的『太極本未有陰陽』時，明確地指出說『誤解太極圖者，謂太極本未有陰陽，因動而始生陽，靜而始生陰。不知動靜所生之陰陽，如寒暑、潤燥、男女之情質，乃固有之蘊。』這一點才是王夫之的獨創。」（頁 270～271）又言：「王夫之修正了張載的『日月之形，萬古不變』的觀點……王夫之論證事物運動變化是無間斷地在進行的，因此事物即使在外形上看不出什麼變化，而其內在的質則無時不在發生新舊之間的推移。」（頁 271～272）故林安梧扼要的點出：「就張子的《正蒙》而言，船山強調『太虛即氣』及『萬古皆變』這兩個面向，而否定了在太虛之氣之上有一萬古不變之實。」說明船山和橫渠最根本的不同在橫渠解「是故易有太極是生兩儀」，是在「陰陽二氣」上另立一個「太極」，以爲統。船山則認爲「陰陽二氣」即是「太極」，因此「是生」是「立於此而生，非待推於彼而生之」（《周易外傳》，卷五）又強調「非所生者爲子，生之者爲父」（《周易稗疏》，卷三），故解「陰陽之本體，絪緼相得，和同而化，充塞於兩間，此所謂太極也」（《周易內傳》，卷五）。以上論述，參見《王船山人性史哲學之研究》，頁 53。按：太極之生陰陽，其爲同有固有，於上發生，遂取消乃肇生者和所生者的時間關係：太極非先立，陰陽非後生，船山創造性詮釋，既維持宇宙本體一元論，又能保留太極爲生化主宰的地位。有關陰陽與太極的關係討論，見陳祺助：〈王船山論陰陽與太極的關係〉，《哲學與文化》第二十九卷第八期，2002 年 8 月。

乙、董金裕：〈王船山與張橫渠思想之異同〉，見《哲學與文化》第二十卷第九期，1993 年 9 月，頁 883～893，分別就「惡的來源」、「情欲的態度」、「對歷史演化的觀點」比較相異之處，偏向於道德倫理與文化觀方面之闡述。

丙、丁爲祥：《虛氣相即——張載哲學體系及其定位》（北京：人民出版社，2000 年），第九章〈張載與王夫之——氣的本體化與現實關懷的高揚〉，作者以思想史脈絡發展的角度說明「理學自張載以來的虛氣相即、本體論與宇宙論的并建，經過朱熹理氣論——本體論與宇論論分合統一的二元結構，直到王夫之的『天人一氣』，才始本體論與宇宙論徹底統一起來了。對於理學的本

由於本文旨在探討船山《正蒙注》一書所闡述之生死智慧，並佐以船山《易》學著作討論；對於船山是順承橫渠《正蒙》之生死思維發揮之，或船山依其自家思路所體會之注解與詮釋，不詳加區別，必要時以註解說明之。

## 第一節　張載《正蒙》在宋明理學中的意義與價值

張載（1020～1077 年）字子厚，陝西眉縣人。因講學於其家所在的橫渠鎮，故後人又稱橫渠先生。張載以博大氣象與勇毅的擔當精神從事理學的創造，融合《六經》、《論》、《孟》的基礎上，其思想恰恰處於理學思潮由道而儒的轉折上，脫掉邵雍、周敦頤的道家氣象，積極的斥佛排老，以儒家道德意識自覺的爲儒學闢立天人之學，故橫渠門人范育曾爲《正蒙》一書作序：

> 自孔孟沒，學絕道喪千有餘年。處士橫議，異端間作，若浮屠老子之書，天下共傳，與《六經》並行。而其徒侈其說，以爲大道精微之理，儒家之所不能談，必取吾書爲正。世之儒者亦自許曰：「吾之《六經》未嘗語也，孔孟未嘗及也」，從而信其書，宗其道，天下靡然同風，無敢置疑於其間。況能奮一朝之辯，而與之較是非曲直乎哉！〔註 10〕

范氏表述橫渠之所以著《正蒙》，乃以孔孟正學自居。欲與二氏爭者，唯在「大道精微之理」，故宇宙本體論偏多。雖然橫渠著《正蒙》源於批判佛老而來，但就儒家天道性命相貫通的內聖之學，其所奠立的宏模及價值，在理學發展史上，《正蒙》實有重要之地位〔註 11〕，牟宗三先生言：

> 橫渠《正蒙》沈雄弘偉，思參造化。他人思理零星散見，或出語輕

---

體論來說，這就將本體與實體統一起來了，從而擺脫了朱熹的『理』雖爲本體卻不能造作，而氣雖能造作卻又不是本體的二難結局。從這個意義上說，以氣爲本體，正是理學宇宙本體論最後確立的表現，也是張載虛氣相即、朱熹理氣二元結構最後歸一的表現」（頁 322）。

綜合言之，船山釋「太虛即氣」，其「氣」乃一切存有之最後實體（即丁氏所稱「氣本論」）；而此實體即已涵陰陽二個面向，因此，船山「即氣而言道」，此絪緼氣化的摩盪開展過程即是道的開展。

〔註 10〕見《張載集》（臺北：漢京文化事業公司，1983 年），頁 4～5。

〔註 11〕〈西銘〉爲《正蒙》〈乾稱篇第十七〉之首節，其一文的精神境界，屢爲明道、伊川等人所推尊；而《正蒙》之天道神化方面論述，則不甚能相契。詳細內容請參閱牟宗三：《心體與性體》第一冊（臺北：正中書局，1985 年），頁 417～426。

鬆簡約。惟橫渠持論成篇，自鑄偉辭。誠關河之雄傑，儒家之法匠。

然思深理微，表之爲難，亦不能無滯辭。〔註12〕

從《正蒙》的「太虛無形，氣之本體」（《正蒙・太和》）、「兩不立則一不可見」（《正蒙・太和》）「天地之性與氣質之性」（《正蒙・誠明》）、「天德良知與聞見小知」（《正蒙・誠明》）……這些橫渠所使用的理學用語都成爲後來討論宇宙論本體論、人性論或認識論的議題〔註13〕，不免有「滯辭」之礙，但終不害其爲「關河之雄傑，儒家之法匠」。

## 第二節　船山《正蒙注》在其思想中的意義與價值

潘宗洛〈船山先生傳〉〔註14〕與王敔〈大行府君行述〉〔註15〕二文中，都提到《正蒙注》與《思問錄內外編》，二者之間互相發明，對於橫渠研《易》以立人極的用心，與王敔言船山作「《思問錄內外編》，明人道以爲實學，欲盡廢古今虛妙之說而返之實」〔註16〕的精神，實則相通。

船山對於《周易》及張載循《易》闡發的廢虛返實的天人性命之學，發出由衷之讚語：

《周易》者，天道之顯也，性之藏也，聖功之牖也，陰陽、動靜、幽明、屈伸，誠有之而神行焉，禮樂之精微存焉，鬼神之化裁出焉，仁義之大用興焉，治亂、吉凶、生死之數準焉，故夫子曰，「彌綸天下之道以崇德而廣業」者也。張子之學，無非《易》也……，張子言無非《易》也，立天，立地，立人，反經研經，精義存神，以綱維三才，貞生而安死，則往聖之傳，非張子其孰與歸！〔註17〕

---

〔註12〕見《心體與性體》第一冊（臺北：正中書局，1985年），頁417。

〔註13〕由於本文以船山《張子正蒙注》作爲詮釋的重點，有關張載理學思想之研究部分，請參閱牟宗三《心體與性體》第一冊，第二章張橫渠對于「天道性命相貫通」之展示；朱建民：《張載思想研究》（臺北：文津出版社，1989年）；丁爲祥：《虛氣相即——張載哲學體系及其定位》，有關上述議題之討論。

〔註14〕潘宗洛言：「又謂張子之學切實高明，作《正蒙釋義》，《思問錄內外篇》，互相發明，以闡天人性命之旨，別理學眞僞之微。」《船山全書》第十六冊，頁88。

〔註15〕王敔言：「又謂張子之學切實高明，《正蒙》一書，人莫能讀，因詳釋其義，與《思問錄內外篇》，互相發明。」見《船山全書》第十六冊，頁74。

〔註16〕見〈大行府君行述〉，《船山全書》第十六冊，頁73。

〔註17〕見〈張子正蒙注序論〉，《船山全書》第十二冊，頁12。

《周易》是一部極複雜的書，從占卜到卦爻辭，到易傳，到目前成為十三經所見的《易經》讀本，從初民占筮到聖哲的衍義過程，再加上從歷代注《易》，從兩漢到魏晉到隋唐到宋明，一部《易》學史的展開，我們可以看到歷代注《易》解《易》的詮釋，蓋因融滲當時的學術課題與時代氛圍，觀點不斷翻新，詮釋的光譜多元富變化。

自周敦頤結合《易經》與《中庸》二書，將「誠」的思想與道體的觀念結合起來。其言：

> 誠者，聖人之本。大哉乾元，萬物之始，乾道變化，各正性命，誠斯立焉，純粹至善者也。故曰「一乾一陽之謂道，繼之者善也，成之者性也。」元亨、誠之通；利貞、誠之復。大哉易也，性命之源乎。〔註 18〕

道體真實無妄，是價值的根源，萬事萬物因道體而有了存有意義上的真實。周敦頤、張載以一種承體起用、氣化流行即是道的開展與天道下貫為性命的基調去定位《易經》，並由《易經》定位儒家性格及儒佛之大防。若言佛教以「緣起性空」解釋一切存在與道德的原理，那麼儒家則以「誠」解釋一切存在與道德的原理，形成強烈的對照。〔註 19〕

從船山自題墓石云：「希張橫渠之正學」可以見其莊重的抉擇態度，其於《正蒙注》篇首之序論言：

> 謂之《正蒙》者，養蒙以聖功之正也。聖功之久矣，大矣，而正之惟其始。蒙者，知之始也。孟子曰：「始條理者，智之事。」其始不正，未有能成章而達者也。〔註 20〕

船山認為聖功之「正」，乃道德實踐方向之「正」，即是由天至人，由人及物，本末一貫直下之方向，而非由末反溯以求本之方向〔註 21〕，以此視《正蒙》一書之編輯，先由究天道生化之〈太和篇〉、〈參兩篇〉、〈天道篇〉、〈神化篇〉、〈動物篇〉論起，繼之以窮理盡性致知篤行之探討，如：〈誠明篇〉、〈大心篇〉、〈中正篇〉、〈至當篇〉，後續以尊禮教化祭樂安民之方，如：〈三十篇〉、〈有

---

〔註 18〕見《增補宋元學案》第二冊（臺北：臺灣中華書局，1984 年），卷十一，頁 2a。

〔註 19〕參見楊儒賓：〈《易經》與理學的分派〉，見洪漢鼎主編：《中國詮釋學》第二輯（濟南：山東人民出版社，2004 年 12 月），頁 163～165。

〔註 20〕見〈張子正蒙注序論〉，《船山全書》第十二冊，頁 9。

〔註 21〕見曾昭旭：《王船山哲學》（臺北：遠景出版公司，1983 年），頁 198。

德篇〉、〈有司篇〉、〈有易篇〉、〈樂器篇〉、〈王禘篇〉，雖有〈大易篇〉〈乾稱篇〉之綜語，然內聖外王之矩矱，寓理其中，故船山遂以「《正蒙》者，以奬大心者而使之希聖」〔註22〕，以其立志於始條理之「正」。故闡明横渠《正蒙》一書之價值言：

> 《正蒙》特揭陰陽之固有，屈伸之必然，以立中道，而至當百順之大經皆率此以成，故曰：「率性之謂道」。天之外無道，氣之外無神，神之外無化，死不足憂而生不可罔，一瞬一息，一宵一晝，一言一動，赫然在出王游衍之中，善吾伸者以善吾屈。然後知聖人之存神盡性，反經精義，皆性所必有之良能，而爲職分之所當脩，非可以見聞所及而限爲有，不見不聞而疑其無，偷用其蕞然之聰明，或窮大而失居，或卑近而自蔽之可以希覬聖功也。嗚呼！張子之學，上承孔、孟之志，下救來兹之失，如皎日麗天，無幽不燭，聖人復起，未有能易焉者也。〔註23〕

因此，船山認爲《正蒙》以其「推極窮神、知化、達天德之蘊」，由天道陰陽屈伸到性命相貫的道德實踐的闡發，「養蒙以聖功之正」，可以達到「以奬大心者而使之希聖」的標的。《正蒙》以本體宇宙論方式解釋個體生死在宇宙現象中的變化與意義，其中涵蓋一完整的生死義理觀。以今日學術內涵觀之，《正蒙》的思想義蘊，人可以透過哲學思考方式及存神盡性的修養工夫，安立存有之源與價值之源。換言之，作爲「宇宙情懷終極地位的人」、「社會倫理網絡中的人」、「自然生理中的個體的人」的存在，從「屈伸之必然，以立中道」的踐履中，最終可以實現人我、人物、人與一切天地鬼神萬物之間整體和諧的目的。

## 第三節　船山《正蒙注》與其《易》學中的生死觀

當我們以《正蒙注》與《周易內傳》爲內容談船山生死觀，其立於横渠《正蒙》的思路與《易》學基礎上，除了接受横渠的有關生死思維之義外，對於儒家經典如《左傳》、《論語》、《中庸》、《易經》、《禮記》有關生死、鬼神、喪祭禮的論義，也具現在注解《正蒙》上。因此，當我們論及船山如何思考生死問題，以達到存事沒寧、貞生安死之道時，先秦儒家之義蘊亦涵泳

〔註22〕見〈張子正蒙注序論〉，《船山全書》第十二冊，頁9。
〔註23〕見〈張子正蒙注序論〉，《船山全書》第十二冊，頁11。

其中，然這些生死觀放在船山即氣言體的思想背景下，其立論精義爲何？則是本節所要討論的重點。

船山在《周易內傳》釋「原始反終，故知死生之說」云：

> 《易》言往來，不言生滅，「原」與「反」之義著矣。以此知人物之生，一原於二氣至足之化；其死也，反於絪緼之和，以待時而復，特變不測而不仍其故爾。生非創有，而死非消滅，陰陽自然之理也。〔註24〕

船山在重氣的宇宙本體觀的視域下，其心目中宇宙是一絪緼生化流動洋溢不測自生的動態存在，故不以個體之生死爲有無、生滅，而是以氣之往來，原始反終以見陰陽自然之理的存在。

> 「屈信」以指喻，同此一體，特用異爾。「屈信相感」者，達於屈信之理，而感其心以不凝滯於往來之迹，而於屈存信、於信存屈也。……此夫子博觀於天地人物之化、生死得喪之常，而見一理之循環，無非可受之命、可行之道，故極言之，以見同歸一致之理，……往者非果往也，屈而已矣。來者非終來也，信而已矣。故死此生彼，非有區畫之報，而歸於大化之絪緼。〔註25〕

故言：

> 善吾生者所以善吾死，屈則鬼而信（與伸同）則神，聽其往來之自致，而貞一之體不喪，則清明和順之德不息於兩間，形神聚散，交無所亂。死生且然，而況於物之順逆，事之得喪乎！〔註26〕

此章原是船山釋「日往則月來，月往則日來，日月相推而明生焉。寒往則暑來，暑往則寒來，寒暑相推而歲成焉。往者屈也，來者信也，屈信相感，而利生焉。」由自然生化的屈信之理，並觀天地人物之化，「於屈存信，於信存屈」，屈信兩端，各涵彼端之用，故言「『屈信』以指喻，同此一體，特用異爾。」同此一體即歸於大化之絪緼之本體，所謂「同歸而一致者也」，故能「不凝滯於往來之迹」，以見「生死得喪之常」。

上述屈伸互涵，交感利生的義理，即是船山著名的「兩端而一致」辯證思維，屈伸兩端就現象之顯，雖「分屬」於兩端，然其所以可以「互涵」、「交

---

〔註24〕《周易內傳》，卷五上〈繫辭上傳第四章〉，《船山全書》第一冊，頁520。
〔註25〕《周易內傳》，卷六上〈繫辭上傳第四章〉，《船山全書》第一冊，頁590。
〔註26〕《周易內傳》，卷六上〈繫辭上傳第四章〉，《船山全書》第一冊，頁590。

感」，實因同歸於氣化之本體得以成其「一致」。其現象之分端，「殊塗而百慮者，爲得爲喪，爲進爲退，爲利爲害，聖人視之，屈信異而指無殊；若見爲往而戚焉，見爲來而訢焉，外徇物而內失己，屈不能伸，伸不能屈，指之用喪，而指之體亦廢矣。」〔註 27〕就天道之本體宇宙論意義言兩端而一致，體用相涵相即，無所謂「指之用喪，而指之體亦廢矣。」的述辭，但就人道實踐的工夫歷程言兩端而一致，執著一端的戚訢之情，徇物失己，無法復其「一致」之本體，則爲自我的迷失與破裂，此必須經由一番修養的工夫以恢復其統整。〔註 28〕

其釋「知幽明之故」時，言：

> 天文則有隱有見，地理則有榮有落。見而榮者明也，隱而落者幽也。其故則明以達幽，而幽者所以養明；明非外襲，幽非永息。於《易》之六陰六陽互見於六位，以乘時而成文理者，可以知幽明之爲一物，而但以時爲顯藏也。〔註 29〕

幽明之兩端，其幽或明，只是存有場域的某一個面向，乘其時、因其位各有不同文理，如同全體「六陰六陽」只凸顯其中的「六位」之用，故明之端必涵幽之密藏（「天之天」、「天之化」），此明才不是一般浮明；幽之端必涵明之神，以透天光（「人之天」、「窮神盡性」）〔註 30〕，此船山於天人之際而言「明以達幽，而幽者所以養明；明非外襲，幽非永息。」

對個體生死而言，以「時」爲顯藏，作爲生死兩端思考時，船山不以消散無有的生滅看待，其謂生死則以始終、往來、屈信（伸）、幽明視之。蓋「生」之端，實已蘊宇宙之全體，不無具足，其信函屈之理，其明函幽之密藏；「死」之端，自存有之源而言，其終已蘊反始之復，重要的是人能盡性存神以終歸，使「聽其往來之自致，而貞一之體不喪，則清明和順之德不息於兩間，形神聚散，交無所亂。」遂言：

> 生死分兩端，而神之恆存一；氣有屈伸，神無生滅，通乎其道，兩

〔註 27〕同上註。

〔註 28〕參見曾昭旭：〈王船山兩端而一致論衍義〉，收入於《存在感與歷史感——論儒學的實踐面相》（臺北：臺灣商務，2003 年）

〔註 29〕《周易內傳》，卷五上〈繫辭上傳第四章〉，《船山全書》第一冊，頁 519～520。

〔註 30〕船山分出「人之天」與「天之天」，人之事天，窮神盡性，是「人之天」步向「天之天」的努力過程，由幾通理介，以見天地之心。見《詩廣傳》，卷四〈大雅・論板三〉，《船山全書》第三冊，頁 463。

立而一見，存事沒寧之道在矣。〔註31〕

君子知曉人之生死亦不過是一往來、屈伸、聚散、幽明，存事沒寧，以盡生之道，故言「君子曰終，小人曰死」〔註32〕，其差別就在於：

生之道盡，則可以「終」矣。「死」者，神氣澌滅之稱。〔註33〕

仁人只是盡生理，卻不計較到死上去，即當殺身之時，一刻未死，則此刻固生也，生便有生理在。於此有求生之心，便害此刻之生理。故聖人原只言生，不言死。〔註34〕

君子仁者信守生道生理，全而生之，全而歸之，故言「終」；而小人未修德盡生之道，神氣散滅則「死」矣，其精神無復存焉。然聖人非僅求身命之存，更求生命價値的實現，一刻未死，只有盡生命之道，踐生命之理，「死」無所據焉，故「只言生，不言死」。

船山釋〈知虛空即氣，則有無、隱顯、神化、性命通一無二，顧聚散、出入、形不形，能推本所從來，則深於易者也。〉，其曰：

虛空者，氣之量；氣彌綸無涯而希微不形，則人見虛空而不見氣。凡虛空皆氣也，聚則顯，顯則人謂之有；散則隱，隱則人謂之無。神化者，氣之聚散不測之妙，然而有跡可見；性命者，氣之健順有常之理，主持神化而寓於神化之中，無跡可見。若其實，則理在氣中，氣無非理，氣在空中，空無非氣，通一而無二者也。其聚而出爲人物則形，散而入於太虛則不形，抑必有所從來。〔註35〕

船山先就宇宙存在之場域，以虛空說明氣之本體浩瀚無邊，若以耳目感官所及，人但見跡象之有無、隱顯、聚散之變化，著現象之別，或「執有」或「徇無」各執一端以概天地之常，以爲生死聚散即成斷裂空無，不僅無法了解聚而成形，散入太虛，皆在絪縕全體中，亦無法知明「氣之健順有常之理，主持神化而寓於神化之中」之「氣理爲一」、「性命爲一」之本源。繼言：

蓋陰陽者氣之二體，動靜者氣之二幾，體同而用異則相感而動，動

〔註31〕見《正蒙注》，卷一〈太和篇〉，《船山全書》第十二冊，頁39。

〔註32〕語見《禮記・檀弓上》，《禮記章句》，卷三〈檀弓上〉，《船山全書》第四冊，頁156。

〔註33〕語見《禮記・檀弓上》，《禮記章句》，卷三〈檀弓上〉，《船山全書》第四冊，頁156。

〔註34〕見《讀四書大全說》卷六，《論語・衛靈公篇》，《船山全書》第六冊，頁828。

〔註35〕見《正蒙注》，卷一〈太和篇〉，《船山全書》第十二冊，頁23。

而成象則靜，動靜之幾，聚散、出入、形不形之從來也。《易》之爲道，乾、坤而已，乾六陽以成健，坤六陰以成順，而陰陽相摩，則生六子以生五十六卦，皆動之不容已者，或聚或散，或出或入，錯綜變化，要以動靜夫陰陽。而陰陽一太極之實體，唯其富有充滿於虛空，故變化日新，而六十四卦之吉凶大業生焉。陰陽之消長隱見不可測焉，天地人物屈伸往來之故盡於此。知此者，盡《易》之蘊矣。〔註36〕

在船山心目中宇宙本存於一絪縕生化流動洋溢無始無終的動態之中，故唐君毅特釋「氣」爲「流行的存在，存在的流行」〔註37〕以顯「氣」之特質。陰陽二氣相摩，變化日新，妙用不測。就天地神化而言，其全體無法畢現目前；就人心體物而言，人亦無法一舉而盡見全體，而只能見其部分義，於是渾淪之天體乃依於人而可分爲隱顯兩面。而所謂的顯隱，蓋就一時一地一物而言，然具體而微；因此，一切錯綜萬變之現象，亦是宇宙全體之當機呈顯，雖當前只有一幾發見，而實則宇宙之全體即於此一幾而具在〔註38〕，故「天地人物屈伸往來之故盡於此。知此者，盡《易》之蘊矣。」

當我們以宇宙全體具於當前一幾之角度，省思人的存在意義與價值時，船山言：

太虛者，陰陽之藏，健順之德存焉；氣化者，一陰一陽，動靜之幾，品彙之節具焉。秉太虛和氣健順相涵之實，而合五行之秀以成乎人之秉彝，此人之所以有性也。原於天而順乎道，凝於形氣，而五常百行之理無不可知，無不可能，於此言之則謂之性。人之有性，函之於心而感物以通，象著而數陳，名立而義起，習其故而心喻之，形也，神也，物也，三相遇而知覺乃發。故繇性生知，以知知性，交涵於聚而有間之中，統於一心，繇此言之則謂之心。順而言之，則惟天有道，以道成性，性發知通；逆而推之，則以心盡性，以性合道，以道事天。惟其理本一原，故人心即天，盡心知性，則存事沒寧，死而全歸太虛本體，不以客體雜滯遺造化以疵纇，聖學所以天人合一，而非異端之所可溷也。〔註39〕

〔註36〕見《正蒙注》，卷一〈太和篇〉，《船山全書》第十二冊，頁23～24。
〔註37〕見《中國哲學原論》，〈原教篇〉，頁626。
〔註38〕見曾昭旭：《王船山哲學》，頁60～63。
〔註39〕見《正蒙注》，卷一〈太和篇〉，《船山全書》第十二冊，頁33。

此順著《中庸》「天命之謂性」、周濂溪的〈太極圖說〉「二氣交感，化生萬物。萬物生生而變化無窮焉。惟人也，得其秀而最靈。形既生矣，神發知矣。」彰顯人之靈秀秉夷的可貴在於有「性」，而性函心，心具知覺感通潤物的知能，此乃「原於天」「順乎道」而來。從天有道以成性，見人之存在的價值根源；由人以心盡性、以性合道事天，見人心之健順與天德相應。故由「理本一原」而說「人心即天」。因此聖學以盡心知性爲實踐工夫，蓋此「心之神居形之間，惟存養其清通而不爲物欲所塞，則物我死生，曠然達一，形不能礙，如風之有牖即入，笙管之音具達矣。」〔註40〕此心神存養工夫，既能「物我死生，曠然達一」，故能坦然面對生死，死亡就不是斷裂的虛無，在生生之息的氣化宇宙中遂能「存事沒寧，死而全歸太虛本體」，因此君子究死生之說，在於明白：

> 死生同於太虛之中，君子俟命而不以死爲憂，盡其才，養其性，以不失其常爾。〔註41〕

> 以合絪緼一氣和合之體，修人事即以肖天德，知生即以知死，存神即以養氣，惟於二氣之實，兼體而以時用之爾。〔註42〕

在這裡，我們看到一種洋溢著宇宙情懷的生命高度，個體生命在當下一幾相遇之時、境、物，雖是有限的呈顯，但性命授受來往之際，俟命不憂，知生即以知死；因爲存有之源的潤澤，眼前之時境物不再是有限的存有，由此開啓了豐富的天人視域與心量。故船山由此流露深厚的宗教意識，其曰：

> 知性者，知天道之成乎性；知天者，即性而知天之神理。知性知天，則性與天道通極於一，健順相資，屈伸相感，陰陽鬼神之性情皆吾所有事，而爲吾職分之所當修者矣。〔註43〕

面對性天而來的虔誠，行盡心之切己工夫，但此實踐工夫並非落在封閉的一己之修爲上。相反的，眞正的盡心工夫，既以感通爲性，潤物爲用，是必涵蓋天地、人我、陰陽、鬼神之事，此正是橫渠〈西銘〉所謂的「乾稱父，坤稱母；予茲藐焉，乃混然中處。故天地之塞，吾其體，天地之帥，吾其性。民，吾同胞也；物，吾與也。」的精神境界。此即船山遂言「陰陽鬼神之性

---

〔註40〕見《正蒙注》，卷一〈太和篇〉，《船山全書》第十二冊，頁32。
〔註41〕見《正蒙注》，卷三〈動物篇〉，《船山全書》第十二冊，頁103。
〔註42〕見《正蒙注》，卷一〈太和篇〉，《船山全書》第十二冊，頁37。
〔註43〕見《正蒙注》，卷三〈誠明篇〉，《船山全書》第十二冊，頁120。

情皆吾所有事，而爲吾職分之所當修者矣。」至於什麼是「鬼神」，面對此「陰陽鬼神之性情」其當修應盡之事其義涵爲何？此二義尚待述之。

何謂「鬼神」？船山言其義如下：

> 鬼神者，氣之往來屈伸者也，物以之終，以之始，孰能遺之！〔註44〕
>
> 陰陽相感，聚而生人物者爲神；合於人物之身，用久則神隨形敝，敝而不足以存，復散而合於絪縕者爲鬼。〔註45〕
>
> 鬼者，歸也，歸於太虛之絪縕也。〔註46〕

從以上三則可知，船山以氣之屈伸、物之終始言鬼神，此乃自然之神化現象，所以明乎鬼神存在之論不在辨析陰陽分界形物之有無，或陰陽二氣聚散出入太虛之思索而已，重要的是船山秉持儒者之本懷，從這裡談「死生同條，而善吾生者即善吾死。」〔註47〕的實踐義涵，不滯有無——「滯於有者不知死，滯於無者不知生。」〔註48〕不累於有無——「爲主於無聲無臭之中而不累於無，流行於人倫庶物之繁而不累於有」〔註49〕，而論生死智慧，遂能：

> 屈伸因乎時，而盡性以存神，則天命立於在我，與鬼神合其吉凶矣。〔註50〕

上述曾言：「陰陽鬼神之性情皆吾所有事，而爲吾職分之所當修者矣。」所當修者，即「屈伸因乎時，盡性以存神」的立命之道，「不爲形礙，則有形者昭明寧靜以聽心之用而清極矣。神則合物我於一原，達死生於一致，絪縕合德。死而不亡。」〔註51〕故能肖天德，以人合天，窮神知化，與鬼神合其吉凶。〔註52〕

船山生死思維，實立基於易學「十二位陰陽嚮背，半隱半現」之說，十二位陰陽象徵宇宙全體之存位（「太極一渾天之全體」〔註53〕），個體之存在，當下即具道之全體；面對生死之時限似有衰王，而就天道全體言（即就

〔註44〕見《正蒙注》，卷九〈可狀篇〉，《船山全書》第十二冊，頁359。
〔註45〕見《正蒙注》，卷一〈太和篇〉，《船山全書》第十二冊，頁33～34。
〔註46〕見《正蒙注》，卷九〈可狀篇〉，《船山全書》第十二冊，頁368。
〔註47〕見《正蒙注》，卷三〈動物篇〉，《船山全書》第十二冊，頁102。
〔註48〕見《正蒙注》，卷九〈可狀篇〉，《船山全書》第十二冊，頁375。
〔註49〕同上註。
〔註50〕見《正蒙注》，卷一〈太和篇〉，《船山全書》第十二冊，頁35。
〔註51〕見《正蒙注》，卷一〈太和篇〉，《船山全書》第十二冊，頁29。
〔註52〕其義當以船山《禮記章句》，卷二十四〈祭義〉、卷二十五〈祭統〉並論之，更可見船山之精闢立論，詳細論述參見第三章有關《禮記章句》生死觀內容。
〔註53〕見《周易內傳發例》，《船山全書》第一冊，頁658。

隱於個體者言）則無成毀。而個體以通於無成毀之無限宇宙故，於是在眼前雖現似爲有限，而其生命創發日新，恆存其神，不喪貞一之體，不執現前之形色爲我，由推故以致新，「則清明和順之德不息於兩間」，則人亦實無所謂死矣〔註54〕。遂言：

> 君子修身俟命，所以事天；全而生之，全而歸之，所以事親。使一死而消散無餘，則諺所謂伯夷、盜跖同歸一丘者，又何恤而不逞志縱欲，不亡以待盡乎！惟存神以盡性，則與太虛通爲一體，生不失其常，死可適得其體，而妖孽、災眚、姦回、濁亂之氣，不留滯於兩間，斯堯舜周孔之所以萬年，而《詩》云「文王在上，於昭于天」，爲聖人與天合德之極致。〔註55〕

此中有船山終極的宇宙關懷，實蘊其深刻的信仰，其存神養氣以盡性的實踐工夫，不在求個體的解脫，而在「能移以相天」〔註56〕，補天地之缺憾，使清明和順之氣長存於天壤之間，以化兩間暴戾之氣重返太虛清氣的健順本性〔註57〕。其「全而歸之」的終極意識，是「人對宇宙的責任意識，而所有的意義都是建構在這一責任意識上的：即人要以對於宇宙的原生生態的保持和淨化，是一件具有根本意義的事情；人要以善生善死來承擔起他對宇宙的這種責任」〔註58〕，詮義甚佳，由此明白船山何以言使「妖孽、災眚、姦回、濁亂之氣，不留滯於兩間，斯堯舜周孔之所以萬年」的道理。

# 結　語

船山晚年作《正蒙注》，並自撰墓銘「希張橫渠之正學」，表明他學術思想上的自我定位及論學的歸宿，認爲「貞生死以盡人道」是「張子之絕學，發前聖之蘊，以辟佛老而正人心者也」，點出橫渠「太虛即氣」的重要義蘊，氣作爲實體，生死聚散，永遠同一，沒有消滅；宇宙是健動實有的存在，只有幽明之分，沒有佛老「空」「無」之說，船山肯定橫渠針對佛道二家而建立

---

〔註54〕此段說解參考曾昭旭：《王船山哲學》，頁344。

〔註55〕《正蒙注》，卷一〈太和篇〉，頁22。

〔註56〕語見《莊子解》，卷十九〈達生〉序文，《船山全書》第十三冊，頁291。

〔註57〕請參見嚴壽澂：〈莊子、重玄與相天——王船山宗教信仰論〉，收入於《近世中國學術通變論叢》（臺北：國立編譯館，2003年）。

〔註58〕見陳來：《詮釋與重建——王船山的哲學精神》（北京：北京大學出版社，2004年），頁328。

的一種儒家的本體論。

本文主要探討船山在《正蒙注》一書中所彰顯的生死觀，而《正蒙注》特顯船山天人性命一貫、生死幽明合一的思想。以今日生死學的角度觀之，人欲擺脫死亡的痛苦與恐懼，提昇生命厚度與品質，船山《正蒙注》立足於宇宙情懷，安立人的價值根源，從而找到立命之道；不離日用倫常，修德以肖天的盡心存神工夫，足以達到生死一致、貞生安死之道。前者由體言用，知極於高明；後者由用顯體，行不遺於卑下，所以極高明而道中庸。〔註59〕

當我們從「物我一原」天人一氣的宇宙觀上，除了建立存有之源的思考外，很清楚的看到橫渠、船山氣化一系的生死態度，既非佛家式的輪迴觀，也非生死斷裂的虛無觀，除了顯發儒家道德實踐的莊嚴外，其中亦蘊涵儒家審美式的生死觀，此義不在《正蒙注》的文字論述中，而是筆者在閱讀過程中所引發的聯想，是否太大膽的推論，仍須就教方家指正之。

最後，引一首觸發我有此感悟的詩，作爲本文所謂儒家審美式的生死觀象徵之一。我想以「物我一原、死生一致」的生死態度，面對告別人世，於幽明之際時，是可以呈現如下安詳的生命化境，以撫慰生者之慟：

不要在我的墳上哭泣
我不在那裡　也未沉睡
我是呼嘯的狂風
我是雪地上的晶鑽

〔註59〕用「極高明而道中庸」稱許船山《正蒙注》的生死觀，是就其實踐意義的豐富與飽滿而言。筆者在這裡想引余德慧：〈生死唯心，自在善終〉（《張老師月刊》二五九期，1999年7月），頁122～127，一文對時下的心靈族的偏差反省，並從臨終病房之觀察而來的心得，提出他對臨終的看法，作爲本段之呼應。他在文末語重心長的一段話，引人深思：

人生在世一個最根本的問題，就是「人怎麼活」。如果你願意相信「天地神人」這四個自我的面向（「四大」），對於世俗裡的人倫津津樂道，對宗教不會疏離輕視，對自己的方向也會很清楚，其實才會有意義的飽滿。你可以了解，何以生死學必須是這種唯心論，因爲這些東西全都在你的心裡面。當你朝著飽滿的「四大」，在這條路上會發現你不是一個人，而是扶老攜幼身旁一大群人。如果你有神聖的領域，你會發現你很虔誠，你會有一種更寬廣的世界，以「全部態度」朝向死亡，意思就是說，你內在的自我不是自私的自我，而是那種「自當死亡」的基本氛圍。有些臨終的老婆婆會說：「我先走一步。」這句話很有意思，意味著：「我們都同一條路上，我先走一步，你們慢慢再來。」人都是共命的，老婆婆也許沒有察覺自己的話裡，有這麼強烈的共命感，相對我們這些一天到晚在想生死問題的人來說，卻是震聾啓瞶。

我是麥田上的陽光
我是溫和的秋雨
你在晨曦的寂靜中醒來
我已化成無語的鳥兒振翅疾飛
我是溫柔的星群　在夜中閃爍著微光
不要在我的墳上哭泣
我不在那裡〔註 60〕

〔註 60〕轉引自肯恩．威爾伯著，胡因夢、劉清彥譯，《恩寵與勇氣》（臺北：張老師出版社，1998 年），頁 478～479。眞正的作者不詳。我亦無法確知作者是否受其宗教信仰或哲學影響所感發，或者有人會以「泛靈論」的自然觀來看這首詩篇，但船山生意盎然的宇宙氣論思想，其言：「散而歸於太虛，復其絪縕之本體，非消滅也。聚而爲庶物之生，自絪縕之常性，非幻成也。」應該也蘊涵此一審美的生死境界吧！按：此詩後來由英文譯成日文，再轉譯成中文時，名爲〈千風之歌〉，因此中文譯文流傳不同的版本。

# 第五章　凝神達生，能移以相天
## ——以《莊子解》爲切面的生死觀

## 前　言

王船山有關《莊》學方面的著作有《莊子通》與《莊子解》，前者根據〈《莊子通》‧序〉文爲康熙十八年（1679），六十一歲時避吳三桂故，流寓於櫨林山中〔註1〕之作，後者雖未明載於何時，一般論者推斷以康熙二十年（1681）六十三歲著《莊子解》，此二書乃船山耳順之年後，讀莊通莊解莊〔註2〕的著作。

讀《莊子》書如何從「謬悠之說、荒唐之言、無端崖之辭」，瑰瑋恣縱的語言表現中，探其玄珠，會其宗極呢？歷來讀莊注莊解莊者，各有其理解與詮釋，王叔岷在〈莊子通論〉一文中說：

> 莊子本五十二篇。（見漢志，及呂覽必己篇高誘注）今所存者，僅郭象刪訂後之三十三篇。然其大旨，尚可尋索。天下篇莊子自述。言其「上與造物者遊」，其書第一篇，又以逍遙遊名，審此遊字，義殊鴻洞。詳讀各篇涉及遊字之文，尤復不少，其一切議論譬喻，似皆本此字發揮之。則莊子辭雖參差。而此遊字，實可以應無窮之義而

〔註1〕見《莊子通‧敘》，《船山全書》第十三冊，頁493。

〔註2〕依船山著書之例，先論義後注疏的慣例，如先著《周易外傳》後注《周易內傳》，故認爲《莊子通》在前，《莊子解》在後，看法近於劉毓崧、王孝魚、曾昭旭的推論。見《船山全書》，第十六冊，頁247、253、480；及《王船山哲學》，頁41。

歸於大通之旨也。〔註3〕

又云：

郭子玄注莊，常以冥字論其極。余之通莊，則以遊字貫其旨。〔註4〕

以「遊」字貫串《莊子》的生命境界與修養工夫，詮解中見扼要，以此爲中心線索以見《莊子》哲學底蘊，亦不乏其人。〔註5〕

王船山《莊子解》在〈逍遙遊〉「藐姑射之山，有神人居焉，肌膚若冰雪，淖約若處子。不食五穀，吸風飲露。乘雲氣，御飛龍，而遊乎四海之外。其神凝，使物不疵癘而年穀熟。吾以是狂而不信也。」一段，於「其神凝」之下，標註：〔註6〕

三字一部南華大旨。〔註7〕

「南華」者，乃《莊子》一書，自唐天寶元年（西元742年）莊子被稱爲「南華眞人」，始稱他所著書《莊子》爲《南華眞經》〔註8〕。船山「三字（其神凝）一部南華大旨」其眞實意義爲何？王叔岷以「遊」字貫通《莊子》旨意，而船山以「其神凝」三字是否可以掌握莊子的精神？船山以「其神凝」說「三

〔註3〕見《莊學管闚》（臺北：藝文印書館，1978年），頁179。

〔註4〕同上註。

〔註5〕傅武光的〈《莊子》「遊」的哲學〉，《中國學術年刊》第十七期，1996年3月。

〔註6〕一般引用《莊子解》莊子原文之下的「註」或「評」大多認爲是船山之子王敔所作。如《莊子今註今釋》，頁51，「王敔說」；或林文彬《王船山莊子解研究》（《師大國文研究所集刊》，第三十一號），明白指出「王敔謂『其神凝』、『三字一部南華大旨』」（頁318）。但亦有懷疑者，王孝魚：「王敔對本書的〈增註〉，他增註各書中，成績最優，用力也最勤。引用古今各家之說很多，對明代名著，亦偶有採錄，……我還懷疑，這個〈增註〉，或者是根據當時聽講的筆記而整理擴充起來的。」〈中華本王孝魚點校說明〉《船山全書》，第十三冊，頁482。但楊堅在〈莊子解編校後記〉認爲「註」與「評」，若無特別冠以「敔按」字者，其中絕大部分當係船山之自註。王敔之所增，可以清楚辨識。（《船山全書》第十三冊，頁488），詳細之考辨，請參見原文。筆者通閱《莊子解》後，楊堅考辨確然。因此，認爲「三字一部南華大旨」乃船山之斷語。

〔註7〕本文中《莊子解》以《船山全書》（湖南：嶽麓書社，1988年12月第一版，1992年6月第二次印刷），第十三冊，爲定本，頁88。

〔註8〕「天寶元年……二月丁亥，……莊子號爲南華眞人，文子號爲通玄眞人，列子號爲沖虛眞人，庚桑子號爲洞虛眞人。其子所著書改爲眞經」，見《舊唐書・本紀第九玄宗下》（臺北：鼎文書局，1992年5月），頁215。詳細考釋可參考錢奕華：《宣穎南華經解之研究》（臺北：萬卷樓，2000年），頁94～95。

字一部南華大旨」，其判準根據什麼？換言之，船山如何經由「其神凝」的理解與詮釋，契入莊子之「道」，並由此見船山注解《莊子》一書的特色。透過「其神凝」的生命修養工夫，正是達到「遊」的生命境界，故船山所謂：

> 寓形於兩間，遊而已矣。無小無大，無不自得而止。……故物論可齊，生主可養，形可忘而德充，世可入而害遠，帝王可應而天下治，皆吻合于大宗以忘生死；無不可遊也，無非遊也。〔註9〕

因此，本文第二個重點是，經由闡釋「其神凝」的工夫，直探船山「遊」於死生之際的生命智慧。從船山《莊》學著作之中，探究其面對《莊子》書中豐富的生死思考與終極關懷，以達到「無不可遊也，無非遊也」的生命境界。

由此生死關懷中，探析船山與《莊子》之異同爲何？導致此一現象的源由在哪裡？換言之，船山根據《莊》學，「因以通君子道」〔註10〕的通《莊》解《莊》態度，而來的「接著說」或「異其說」的詮釋部分，才是本文聚焦之處。此當爲船山《莊》學生死觀，而非《莊子》生死觀之探析〔註11〕。由於本文旨在討論船山《莊》學生死觀特色，凡是循《莊》學脈絡談其生死觀的義理——「順著說」部分，則略其詳。

## 第一節　《莊子解》研究現況

在船山《莊》學研究上，碩士論文有兩篇：林文彬的《王船山《莊子解》研究》〔註12〕及施盈佑《王船山莊子學研究——論「神」的意義》〔註13〕著力頗深。前者從《莊子解》的著作年代、板本、解莊的立場與各篇考辨到義理詮釋的探索：由渾天論、眞知論、人生論、處世論、政治論到莊子與孔子

〔註9〕見《莊子解・逍遙遊》卷一，《船山全書》，第十三冊，頁81。

〔註10〕見《莊子通・敘》，《船山全書》，第十三冊，頁493。

〔註11〕一般研究者探析《莊子》生死觀議題時，內外雜篇混合討論，對於外雜篇後學衍莊而來的激憤之詞或悖論之語，混搭論述，對於莊學精蘊不免有所減煞。例：船山就對《莊子・至樂》提出反駁言：「此篇之説，以死爲大樂，蓋異端褊劣之教多有然者，而莊子尚不屑此。此蓋學於老莊，掠其膚說，生狂躁之心者所假託也，文亦庸沓無生氣。」見《莊子解・至樂》卷十八，《船山全書》第十三冊，頁284。

〔註12〕臺灣師範大學國文研究所碩士論文，1985年，見《師大國文研究所集刊》第三十一號，1986年。

〔註13〕靜宜大學中國文學系碩士論文，2006年。

的形象討論到莊學評騭，是全面探討《莊子解》的論文。有關生死議題的討論，主要是在第五章〈《莊子解》之人生論〉，作者分別以「生勝於死」、「人貴於物」、「能移而相天」三節論述。後者試以「其神凝」之「神」契入船山莊學，勾勒出船山莊學以「神」爲核心的義理系統，深具啓發性。作者並在期刊上發表〈船山莊學之研究：探析「凝神」之飽滿義涵〉，透過論證推理，其論「凝神」與「應世」，扣緊船山學的特質〔註 14〕，抉發體以致用且用以備體，頗具參考價値。

在博士論文，雖無直接與船山《莊》學爲題的著作，謝明陽的《明遺民的莊子定位論題》〔註 15〕，其研究謂船山《莊》學在明遺民解莊的定位上以「自立一宗」名之，蓋船山著重在闡發莊子思想的獨特處，其論證以「得之於渾天」、「莊子與老子之別」、「莊子與儒家之別」發揮，並以「抱獨之情」的遺民生命作爲印詮。

在單篇論文就船山《莊》學在議題上，嚴壽澂的〈「兩行」與治道——讀王船山《莊子解》〉〔註 16〕及唐亦男的〈王夫之通解莊子「兩行」說及其現代意義〉〔註 17〕，兩位學者同時聚焦於以《齊物論》「兩行」的現代詮解，這與民主自由開放的多元尊重與包容的態度有密切關係。

林文彬的〈王船山援莊入儒論〉〔註 18〕，以船山周易綱領「乾坤並建」言莊子「渾天」的體用關係與儒家相近，但兩者一實一虛。儒家重物與道的聯繫，並從此而言繼天立極，性命日生日成；莊子則言物與道無關聯，並由此而發展出事物懸浮無係的自在逍遙。因此，船山以儒家的實有之說援莊入儒，具有濃厚的「判教」意義。譚明冉的〈莊子、王夫之逍遙觀之異同〉〔註 19〕，作者認爲「小大之辨」是莊子達到逍遙的手段，其以思想史角度比較莊子、郭象與船山在「小大之辨」的看法，從而比較莊子與船山在逍遙觀之異同。林文彬與譚明冉的莊、儒判教與闡釋的議題上，恰好形成一個對照組，前者在實虛與體用的觀點下，揚儒抑莊；而後者在船山「這種改造本質

〔註 14〕在這裡，我並沒有用作者之語，「船山莊學的宗旨」而以船山學的特質概之，毋寧更接近船山義理。見《國立中央大學文學院人文學報》第三十期，2006 年 12 月，頁 375。

〔註 15〕見臺灣大學中文研究所博士論文，2000 年。

〔註 16〕見《上海行政學院學報》第五卷第一期，2004 年 1 月。

〔註 17〕見《鵝湖月刊》第三十卷第九期，2005 年 3 月。

〔註 18〕見《興大人文學報》第三十四期，2004 年 6 月。

〔註 19〕見《哲學與文化》三十二卷十期（總三七七期），2005 年 10 月。

上是以儒家的義命觀來詮釋逍遙，他賦予逍遙以儒家的相天思想，使逍遙具有儒家的價值指向，並藉此對莊子加以批判。王夫之的改造無疑狹隘化了逍遙固有的天地境界，使之褪化爲儒家的人文關懷」〔註 20〕，作者顯然以莊子逍遙觀的爲不二的判準，對於船山人文本位就不免有微辭。〔註 21〕

在林、譚二文對比中，反而提供了本文在船山《莊》學的生死觀的討論上，不妨以實存的處境爲場域，實可載虛，納莊子天地逍遙境界於一端，與儒家生命價值的肯定與實現爲另一端，隨生命個體所在的處境（生、老、病衰、臨終等）爲依據，交會於實存的生命中。在「兩行」的智慧中，以見兩端彼此皆可行，兩不相傷，互不相礙。

## 第二節　船山通《莊》解《莊》的態度及內外雜篇的義理分判

### 一、船山通《莊》解《莊》的態度

莊子處亂世，周文疲弊，禮壞樂崩之際，爭伐不斷，憂患迭至。其存在感受較先秦諸子眞切蒼涼，他無法走入儒家禮樂文明的重建，也無法以功利性考量作爲生命奮發的前提，寧可清貧自由的「曳尾於塗中」〔註 22〕，也不願意成爲廟堂上的祭品。他選擇回歸自然，尋找生命本眞爲存在的價值，冀從亂世、人間、語言、善惡、刑法、生死、禍福、利害等限制中走出逍遙的境界，遊於天地之間。

而船山亦以亂世孤忠遺民身分，以不必同調的「抱獨」之情〔註 23〕，在《莊子通・敘》云：

> 己未春，避兵櫨林山中，麏麚之室也，衆籟不喧，枯坐得以自念：念予以不能言之心，行乎不相涉之世，浮沈其側者五年，弗獲已，

〔註 20〕見論文摘要，《哲學與文化》三十二卷十期（總三七七期），2005 年 10 月，頁 171。

〔註 21〕作者言「即使他對『相天』的解釋達到了宇宙高度，但是整體上，還是未能跳出儒家的人類中心主義情懷。」見上註，頁 179。

〔註 22〕見《莊子解・秋水》卷十七，《船山全書》第十三冊，頁 281。

〔註 23〕船山云「對酒有不消之愁，登山有不極之目，臨水有不愉之歸，古人有不可同之調，皇天有不可問之疑。」面對生命存在的際遇，莊子與船山處亂世之境遇相近，但分屬一道一儒的歸宿則「有不可同之調」。見《詩廣傳》，卷一〈論柏舟〉，《船山全書》第三冊，頁 318。

所以應之者，薄似莊生之術，得無大疚媿？然而予固非莊生之徒也。有所不可，「兩行」不容不出乎此，因而通之，可以與心理不背；顏淵、蘧伯玉、葉公之行，叔山無趾，哀駘它之貌，凡以通吾心也。心苟爲求仁之心，又奚不可！或曰：莊生處七雄之世，是以云然。雖然，爲莊生者，猶可不爾，以予通之，尤合轍焉。予之爲大癭、無脤，予之居「才不才之間」，「知我者謂我心憂，不知我者謂我何求」，孰爲知我者哉！謂予以莊生之術，祈免於「羿之彀中」，予亦無容自解，而無能見壺子於「天壤」之示也久矣。凡莊生之說，皆可因以通君子之道，類如此。故不問莊生之能及此與否，而可以成其一說。〔註 24〕

船山自述這段流寓山林以避吳三桂之禍，以亂世「不能言之心」的蒼涼歷程，其存在體驗與莊子應世委蛇的行跡，乍看「薄似莊生之術」，甚至若有人認爲他「以莊生之術，祈免於『羿之彀中』，予亦無容自解」，二者行徑自表象之迹論，的確相近，但船山始終明白跡貌心境固同於莊生之避隱，但立身非在此，其講學著述弦歌未斷，以乞活埋之身，留作文化薪火。儘管《莊》學自立一宗，得之於渾天，休乎天均，兩行無礙，「其高過於老氏」〔註 25〕，但莊子對於現世的人文理想，存而不論，以遊於天地之間；與船山儒者之行，有了不同的方向抉擇。船山以儒者仁心發用，落實道德理想的衷懷，遂引「莊生之說」，「因以通君子之道」。

以下試舉《莊子通》內容，以見船山「因以通君子之道」的義理發揮：

虛則無不可實也，靜則無不可動也。無不可實，無不可動，天人之合也。「運而無所積」，則謂之虛；古今逝矣，而不積其糟粕之謂也。「萬物無足以鐃心」，則謂之靜；以形名從其喜怒之謂也。虛靜者，狀其居德之名，非逃實以之虛，屏動以之靜也。逃虛屏動，己愈逃，物愈積，「膠膠擾擾」，日鐃其心。悱懣而欲逃之於死，死且爲累，遺其虛靜之糟粕以累後世。故黃老之下，流爲刑名，以累無窮。況有生之日，屏營終日，與喧相競，而菀積其悒怏乎！虛靜之中，天地推焉，萬物通焉，樂莫大焉。善體斯者，必不囂囂然建虛靜爲鵠

〔註 24〕見《莊子通・敘》，《船山全書》，第十三冊，頁 493。

〔註 25〕此段文字「自立爲宗」到「其高過於老子」的詳細內容，請參見《莊子解・天下》卷三十三，《船山全書》第十三冊，頁 472～473。

而鐃心以赴之，明矣。〔註26〕

首先，船山以其健動實有的的天道思想，肯定天人心物存在的價值，故一切存在「無不可實、無不可動」的氣化日新，正是天人之合的可貴處。並不能因存在的歷程與積運過程中，因可能的糟粕而毀其豐美的人文價值；不能因處事應物過程之撓心費神而逃避紛擾，若以此爲「虛」爲「靜」之德，在船山眼中，不啻「愈逃愈積」，終日拒物營虛求靜，轟然物擾身累，何曾得其「虛靜」呢？船山分析至此，無疑是「入其壘，襲其輜，暴其恃，而見其瑕矣，見其瑕而後道可使復也。」〔註 27〕故船山在「虛靜」的道家工夫之上，引而通之，明白的指出：「虛靜」是歷程工夫，不能視爲修養的最後鵠的；必得導「虛靜之中」朝向創造性的推擴，以位育天地萬物，故言「虛靜之中，天地推焉，萬物通焉，樂莫大焉。」〔註28〕

## 二、船山對《莊子》內外雜篇的義理分判

當我們說「船山如何經由『其神凝』的理解與詮釋，契入莊子之『道』」時，「莊子之道」是指《莊子》一書〔註29〕或莊周自著的內七篇〔註30〕之道呢？船山解莊的系統中二者是否有別？如是，必然會牽涉到船山對《莊子》內外篇的作者及義理分判。

現今《莊子》書，經過郭象整理後三十三篇，分爲內篇七、外篇十五、雜篇十一，從郭象注莊的學養與識見，自有獨特的勝場，唐陸德明〈經典釋文序錄〉言「惟子玄（郭象）所《注》，特會莊生之旨，故爲世所貴。」〔註31〕

---

〔註26〕見《莊子通・天道》，《船山全書》第十三冊，頁507～508。

〔註27〕見《老子衍・自序》，《船山全書》第十三冊，頁15。

〔註28〕船山此義蘊亦可見《莊子通・天運》：「天下之用心用物者，不出兩端：或師其成心，或隨物而移意，交墮於『大小、長短、修遠』之中，而莫之能脱。夫兩者不可據，而舍是以他求，則愈迷。是以酌中外之安，而體微而用大者，以中裁外，外乃不淫；虛中受外，外乃不窒。治心治物者，雖欲不如是而奚可！」見《船山全書》第十三冊，頁508～509。

〔註29〕一般以《莊子》一書爲莊子思想者，大多以「莊學」或「莊子學派」謂之。有關外雜篇的作者、思想討論，請見本節討論。

〔註30〕莊子內七篇，自成完整的思想體系，自〈逍遙遊〉以至〈應帝王〉：由至人之無己到外則應帝王，無論內容條理，都是一貫而成的，雖然，內七篇中，也有後人摻雜片段進去的文字，但內七篇應是莊子的作品是可以肯定的。見黃錦鋐：《新譯莊子讀本》（臺北：三民書局，1977 年），〈莊子書的考證〉，頁11～14。

〔註31〕見郭慶藩輯：《莊子集釋》（臺北：漢京文化事業有限公司，1983 年），頁4。

但在關鍵處如逍遙是否有性分、小大之別？在當時亦引起很大的爭議與討論。〔註32〕

唐成玄英在〈莊子序〉〔註33〕對於內外雜篇的說解如下：

> 內則談於理本，外則語其事跡。事雖彰著，非理不通；理既幽微，非事不顯；欲先明妙理，故前標內篇。內篇理深，故每於外別立篇目，郭象仍於題下即注解之，〈逍遙〉、〈齊物〉之類是也。自外篇以去，則取篇首二字爲其題目，〈騈拇〉、〈馬蹄〉之類是也。

〔註32〕劉義慶：《世說新說・文學類》言「支（道林）卓然標新理於二家之表，立異義於眾賢之外……後遂用支理。」見余嘉錫：《世說新語箋疏》（臺北：華正書局，1989年），頁220。此問題討論者不少，湯用彤與牟宗三認爲向郭解逍遙義與支道林在立義上並非遙不可及。湯用彤「至若《世說》載支公通《逍遙遊》，卓然標新理於二家之表。似若支與向、郭立義懸殊，此則不盡然。蓋向、郭謂萬物大小雖差，而各安其性，則同爲逍遙。然向、郭言逍遙雖同，而分有待與無待，有待者必得其所待。然後逍遙。無待者則與物冥而循大變。不惟無待，而且能順有待，而使其不失其所待……。有待者，芸芸眾生；無待者，聖人神人。有待者自足，無待者至足。支公新義，以爲至足乃能逍遙，實就二家之說，去其所待，而存其無待。」見《魏晉玄學論稿》，載於《魏晉思想甲編五種》（臺北：里仁書局，1984年），頁56。牟宗三言「《世說新語》注所記向、郭之逍遙義與支遁之逍遙義。兩家實相差不遠，而向、郭義則曲折稍多。向、郭義分三層說：（中略）以上三層，一是從理上一般說，二是分別說，三是融化說。支遁義只是分別說，實未眞能『標新理於二家之別』也。且未能至向、郭義之圓滿，然亦並不誤。」見《才性與玄理》（臺北：臺灣學生書局，1985年），頁181～184。後來的學者如林聰舜言「支氏對向郭之批評，並不能善盡向郭逍遙義之底蘊。如其僅以桀跖之殘害適性比論文，以『猶饑者一飽，渴者一盈』批評之，則顯然忽視向郭之適性說本有高超之一面，暨『絕羨欲』之要求。當然，此亦肇因於向郭自身理論之混淆也。而支遁之說實能洞悉向郭理論之流弊，故其逍遙新義代表另一階段之時代心靈……。」見《向郭莊學之研究》（臺北：文史哲出版社，1981年），頁86～87。楊儒賓立於莊子內七篇的旨義判析言「向郭探討『適性』、『逍遙』問題的進路，基本上是從客體面進入地，並不是從『明至人之心』立論」又言「向郭事實上是把聖人與常人・萬物的逍遙都當成經驗世界可能的事，與支道林將『逍遙』繫歸到至人心境下，再由後者心境的朗現以轉變萬物存在的性格不同。和莊子思想對照下，支道林的觀點遠比向郭的切近〈逍遙遊〉一篇之主旨。……莊子的文字雖然特多無端崖之辭，時恣縱而不儻，但他對生命有實感，能掌握住生命的各種向度，從極精微的常心之虛室生白，到陷於世俗機括的成心之運作，其間的層次井然。向郭則站在『物自生』的立場上，轉從客體面討論。凡莊子圓融精神所預設的種種步驟，向郭大體將其解消，減殺掉其間的距離。」見〈向郭莊子注的適性說與向郭支道林對於逍遙義的爭辯〉，載於《史學評論》第九期，1985年1月，頁112、125～126。

〔註33〕見郭慶藩輯：《莊子集釋》（臺北：漢京文化事業公司，1983年），頁6～7。

又云：

> 內篇明於理本，外篇語其事跡，雜篇雜明於理事。內篇雖明理本，不无事跡；外篇雖明事跡，甚有妙理；但立教分篇，據多論耳。

根據上述，成玄英對內外雜篇之分判，以內篇義理弘深幽微乃《莊子》之建本，而外雜篇理事俱存，理以事顯，但語其事跡的外篇，果能盡其內篇之理蘊嗎？所謂的「甚有妙理」的外篇，或「雜明於理事」的雜篇，其中醇駁根據什麼分判之？成玄英在「序」中，含意模糊，並未加以闡述之。

船山在歷代學者注莊解莊的基礎上，就內外雜篇的作者、篇章結構、表達方式、慧識及旨意評價、與老子關係、與內篇關係及其殊勝處提出看法，筆者整理如下：〔註34〕

表一：王船山《莊子解》內、外、雜篇比較

| 分　項 | 內　　篇 | 外　　篇 | 雜　　篇 |
| --- | --- | --- | --- |
| 甲、作者 | 1-1 莊子著（頁184）。 | 2-1 非莊子之書，蓋為莊子之學者，欲引伸之，而見之弗逮，求肖而不能（頁184）。<br>2-2 非出一人之手，乃學莊者雜輯以成書（頁184）。 | 3-1 莊子著：〈寓言〉（頁462）〈天下〉（頁417）。 |
| 乙、篇章結構比較 | 1-1 雖參差旁引，而意皆連屬（頁184）。<br>1-2 內篇之首尾一致，雖重詞廣喻，而脈絡相因也（頁348）。 | 2-1 踳駁而不續（頁184）。<br>2-2 文義雖相屬，而多浮蔓卑陋之說（頁348）。<br>2-3 大抵外篇多掇拾雜纂之言，前後不相貫通（頁236）。 | 3-1 雜云者，博引而泛記之謂（頁348）。<br>3-2 自〈庚桑楚〉、〈寓言〉、〈天下〉而外，每段自為一義，而不相屬（頁348）。<br>3-3 雜篇唯〈庚桑楚〉、〈徐無鬼〉、〈寓言〉、〈天下〉四篇為條貫之言（頁390）。<br>3-4 〈則陽〉、〈外物〉、〈列禦寇〉三篇，皆雜引博喻，理則可通而文義不相屬，故謂之雜（頁390）。 |
| 丙、表達方式比較 | 1-1 雖洋溢無方，而指歸則約（頁184）。<br>1-2 雖極意形容，而自說自掃，無所粘滯（頁184）。 | 2-1 言窮意盡，徒為繁說而神理不摯（頁184）。<br>2-2 固執粗說，能死而不能活（頁184）。 | |

〔註34〕根據《莊子解》外雜篇首與論及內外雜篇有關相較之「解曰」的內容整理而成。

| 丁、慧識及評價比較 | 1-1 雖輕堯舜，抑孔子，而格外相求，不黨邪以醜正（頁 184）。 | 2-1 忿戾詛誹，徒爲輕薄以快其喙鳴（頁 184）。<br>2-2 文辭汗漫冗沓，氣弱而無神，所見者卑下，故所言者纇靡（頁 236）。<br>2-3 淺薄虛囂之說，雜出而厭觀（頁 236）。<br>2-4 〈駢拇〉、〈馬蹄〉、〈胠篋〉、〈天道〉、〈繕性〉、〈至樂〉諸篇，尤爲悁劣（頁 184）。 | 3-1 〈讓王〉以下四篇，……觀其文詞，粗鄙狼戾，眞所謂「息以喉而出言若哇」者。……不辨而自明，故俱不釋（頁 348）。<br>3-2 外篇稱「莊子見魯哀公」〈盜跖〉篇謂「孔子遇柳下惠」，託辭不經，相去百年之外，謬爲牽合（頁 348～349）。 |
|---|---|---|---|
| 戊、與老子關係比較 | 1-1 雖與老子相近，而別爲一宗，以脫卸其矯激權詐之失（頁 184）。 | 2-1 但爲老子作訓詁，而不能探化理於玄微（頁 184）。 | 3-1 莊子之學，初亦沿于老子，而「朝徹」「見獨」以後，寂寞變化，皆通於一，而兩行無礙，……自立一宗，而與老子有異焉（頁 472）。<br>3-2 其高過於老氏，而不啓天下險側之機（頁 473）。 |
| 己、與內篇關係比較 | | 2-1 其可與內篇相發明者，十之二十三（頁 184）。 | 3-1 要其於內篇之指，皆有所合，非〈駢拇〉諸篇之比也（頁 390）。 |
| 庚、殊勝處：光大內篇之旨 | 1-1 蓋內篇皆解悟之餘，暢發其博大輕微之致，而所從入者未之及（頁 348）。 | 2-1 外篇非一人之筆，膚陋者與深醇者相櫛比而並列，善讀者當自知取舍也（解〈達生〉語，頁 292）。 | 3-1 言雖不純，而微至之語，較能發內篇未發之旨（頁 348）。<br>3-2 學莊子之學者，必於雜篇取其精蘊，誠內篇之歸趣也（頁 348）。 |

從〈表一：王船山《莊子解》內、外、雜篇比較〉，船山對莊子思想的分判，較之成玄英以妙理事跡分判，深入細密，義理顯轄明朗。

道家思想一般以老莊並論，船山對於莊子的評價顯然高於老子，從（戊）之的例舉中言：「雖與老子相近，而別爲一宗，以脫卸其矯激權詐之失。」或「無爲固老莊之所同尙，而莊子抑不滯於無爲，故其言甫近而又遠之，甫然而又否之，不示人以可踐之跡。」（〈天道〉篇首解），在〈天下〉篇直接道出莊子的慧識源出渾天，其生命境界高過於老子。船山不以考據、訓詁方式解莊，依其對老莊義理的解悟〔註 35〕，提出外雜篇的思想分判，與一般論及《莊

〔註 35〕如〈天道〉篇之旨意，船山認爲「此篇之說，有與莊子之旨迥不相侔者，特因老子守靜之言而演之，亦未盡合于老子；蓋秦漢間學黃老之術、以干人主者之所作也。」並說明其看法以證成此論述，足見其對老莊義理之純熟及分判之精微。

子》時籠統混莊學爲一，大相逕庭。

一般學者對於外雜篇的看法，大致有兩種態度，一種是強調外雜篇的「亂」與「雜」，有的依作者年代、或思想內容、或文章風格爲依據，分門別派〔註 36〕；另一種是看不到思想觀點的區別，不加分析地引用外雜篇的資料研究莊子思想。筆者整理《莊子解》外雜篇各篇考釋（請參見附錄二），我們可以清楚的看到船山對於外雜篇莊子後學思想的評價，有深醇沈邃，可以光大內篇之旨者；亦有駁雜膚淺者，悁劣卑隘之說者，故「善讀者當自知取舍也。」、「學莊子之學者，必於雜篇取其精蘊，誠內篇之歸趣也。」〔註 37〕若借用今人劉笑敢對內外雜篇的分法，前者名爲述莊派，後者爲黃老派與無君派。〔註 38〕

因此，本文探析莊子思想有關生死議題的討論，亦當以船山對莊子內篇義理爲基準，包括外雜篇述莊派光大內篇之旨的內容爲討論之根據，以掘發莊子之精蘊。

## 第三節　凝神達生的生命修養觀：「其神凝」三字一部南華大旨探析

本文不從本體論或宇宙論的方式切入船山在莊學上「氣——神」的關係〔註 39〕，擬從莊子內七篇所載的修養工夫「心齋」、「坐忘」與「其神凝」的關係是否相近且有效，扣緊「其神凝」三字是一部南華大旨的詮義，回應莊子達生的生命修養觀。是否眞能契入莊子之道，上達逍遙境地，作爲探析的方向。

---

〔註 36〕如羅根澤考索外雜篇的作者而分爲「左派道家」、「右派道家」、「神仙家」、「莊子弟子後學」「老子學派」、「道家雜俎」、「隱逸派」、「縱橫家」等：參閱黃錦鋐：《新譯莊子讀本》（臺北：三民書局，1977 年），〈莊子書的考證〉，頁 31～32。

〔註 37〕見表一〈船山《莊子解》內、外、雜篇比較〉，庚 2-1，庚 3-2。

〔註 38〕見《莊子哲學及其演變》（北京：中國社會科學出版社，1988 年）上編〈文獻疏正〉，頁 61。然船山之分判與劉笑敢的分派，並非完全密合。例如：船山觀念中並沒有「無君派」，對於劉笑敢所謂的「無君派」之作，以其激憤之言，船山云「徒非斥仁義，究竟無獨見之精」或「學莊者已甚之成心也。」價值甚低。

〔註 39〕參見施盈佑：《王船山莊子學研究——論「神」的意義》（靜宜大學中國文學系碩士論文，2006 年），頁 19。

## 一、「其神凝」在《莊子》一書的義涵

莊子在〈逍遙遊〉中以「藐姑射之山，有神人居焉」的寓言故事，具體形象呈現形上眞理的特質：「神人居焉」其居於藐姑射山象徵處於「虛無」之境，「肌膚若冰雪」喻生命的瑩潔與透明；「淖約若處子」表示生命的清純與活潑：「不食五穀，吸風飲露」喻獨立自存之道；「乘雲氣，御飛龍，而遊乎四海之外」顯示「自由」的特質；「其神凝，使物不疵厲而年穀熟」正是「無爲而無不爲」的超越境界，具有不可思議的感應化育之功。簡言之，形上之道以「虛靜無爲」、「清純活潑」、「自由獨立」、「超越化物」的存在流行，體現在「神人」身上，呼應〈逍遙遊〉的工夫與境界〔註40〕：「至人無己，神人無功，聖人無名」的主旨。

在藐姑射之山的神人一段文字中，特彰顯其工夫義的警句，毋寧說是「其神凝」，故王先謙《莊子集解》於「其神凝」注：

> 三字喫緊。非遊物外者，不能凝於神。〔註41〕

郭象注此一段文字，先述「其神凝」之妙用境界：

> 夫體神居靈而窮理極妙者，雖靜默閒堂之裏，而玄同四海之表，故乘兩儀而御六氣，同人群而驅萬物。苟無物而不順，則浮雲斯乘矣；無形而不載，則飛龍斯御矣。

後述工夫之所由：

> 遺身而自得，雖淡然而不待，坐忘行忘，忘而爲之，故行若曳枯木，止若聚死灰，是以云其神凝也。〔註42〕

與其二人之注相較，船山注「三字一部南華大旨」，相同之處，皆肯認「其神凝」的重要性；雖然《莊子》一書中並未將「其神凝」視爲首出的聞道、修道、體道之語〔註43〕，但郭象表述「其神凝」的體用內容時，亦見到其重要

---

〔註40〕「至人無己，神人無功，聖人無名」涵有工夫及境界兩層意義。作爲敘事句，則「無」爲動詞，表示工夫，「無己」即是通往「至人」之境界的工夫；若作爲表態句，則「無己」、「無功」、「無名」爲謂語，表示至人神人聖人的超越境界。見王邦雄：《中國哲學論集》（臺北：學生書局，1983年8月），頁66。

〔註41〕《莊子集解》（臺北：三民書局，1974年），頁4。

〔註42〕郭慶藩輯：《莊子集釋》（臺北：漢京文化事業有限公司，1983年），頁30。

〔註43〕若考察內七篇與聞道、修道、體道之相關之語：如：〈逍遙遊〉的「無己」、「無功」、「無名」；〈齊物論〉的「吾喪我」、「和之以天倪」、「物化」；〈養生主〉中的「緣督以爲經」、「安時而處順」；〈人間世〉的「心齋」；〈德充符〉的「德有所長而形有所忘」；〈大宗師〉的「坐忘」、「朝徹」、「見獨」；〈應帝王〉的

性與其他工夫之會通處。

## 二、何謂「南華大旨」

何謂「南華大旨」？也許可以從內七篇之篇名以見旨意：《莊子》書中開宗明義點題以「逍遙遊」爲理想的生命境界（〈逍遙遊〉），並進一步提出如何實現此生命理想的工夫原則（〈養生主〉），以消解觀念名言（〈齊物論〉）、人際關係（〈人間世〉）、形體（〈德充符〉）、生死（〈大宗師〉）等負累，以達到人與萬物呈顯新的關係（〈應帝王〉），所謂「天地與我並生，而萬物與爲我一」（〈齊物論〉）的整體和諧。因此，「南華大旨」誠如船山解〈逍遙遊〉之篇首語云：

> 逍者，嚮於消也，過而忘也。遙者，引而遠也，不局於心知之靈也。故物論可齊，生主可養，形可忘而德充，世可入而害遠，帝王可應而天下治，皆吻合于大宗以忘生死；無不可遊也，無非遊也。（頁 81）

透過「逍」與「遙」的工夫歷程，以達至「物論可齊，生主可養，形可忘而德充，世可入而害遠，帝王可應而天下治，……合于大宗以忘生死」以達至「遊」的生命境界。

以此論「南華大旨」義涵，是強人以解？抑或「道通爲一」之「寓諸庸」？筆者認爲《莊子解》中解莊之微言大義，既有熨貼莊子「獨與天地精神往來，而不敖倪於萬物，不譴是非，以與世俗處。……上與造物者遊，而下與外死生、無終始者爲友。」〔註 44〕的精神境界，也有船山深造自得的理解與詮釋，以下論述以莊子原典爲經線，船山注釋爲緯線，以示「其神凝」之義涵。

## 三、莊子「心齋」「坐忘」工夫與船山釋「其神凝」的關係探討

莊子內七篇以「心齋」、「坐忘」爲主要的修養工夫論：

> （甲）回曰：「敢問心齋。」仲尼曰：「若一志，無聽之以耳而聽之以心，無聽之以心而聽之以氣。聽止於耳，心止於符。氣也者，虛

「至人用心若鏡」……，綜言之，居所有工夫關鍵核心，當屬「心齋」、「坐忘」。在內篇與「其神凝」之「神」義相近的是：「庖丁解牛」一文中「方今之時，臣以神遇而不以目視，官知止而神欲行。」（〈養生主〉）的「神遇」、「神欲行」。有關「凝神」的修養工夫內容，留後討論。

〔註 44〕《莊子》，〈天下篇〉。

而待物者也。唯道集虛。虛者，心齋也」……夫徇耳目內通而外於心知，鬼神將來舍，而況人乎！〔註45〕

（乙）仲尼蹴然曰：「何謂坐忘？」顏回曰：「墮肢體，黜聰明，離形去知，同於大通，此謂坐忘。」〔註46〕

（丙）方今之時，臣以神遇，而不以目視，官知止而神欲行。（〈養生主〉）〔註47〕

人與外物接觸，面對世界的方式，綜合上述引文中，可以大致可分爲三個不同層面：〔註48〕

### （一）感官層面

「聽之以耳」、「耳止於聽」〔註 49〕喻示來自五官之根、識、境所得之物理現象。

### （二）心知層面

「聽之以心」、「心止於符」，心，具有「知」（包括識別、執持、好惡等）的作用，而「知」也「無涯」（〈養生主〉），故「與接爲構，日以心鬥」（〈齊物論〉）。因此《莊子》名之爲「成心」（〈齊物論〉）、「人心」（〈列禦寇〉）、「機心」、「賊心」（〈天地〉），此皆勞形而竭神，不合養生之道，亦是修養工夫所欲化治的對象。

### （三）至虛之「神」（或言「氣」）層面

「聽之以氣」、「氣也者，虛而待物者也。唯道集虛。虛者，心齋也」，「離形（墮肢體）去知（黜聰明）」以存神。《莊子》以「靈府」、「常心」（〈德充符〉）、「靈臺」（〈達生〉、〈庚桑楚〉）稱之，故「庖丁解牛」須超越第一、二層面感官心知作用後，以「神遇」、「神欲行」、由技進於道達至「遊刃有餘」的境界。

依〈大宗師〉女偊述其聞道過程，首先「外天下」（放下人我的競場）、而後「外物」（放下與「吾」無關之我物），而後「外生」（放下生死執著），

〔註45〕見《莊子解・人間世》卷四，《船山全書》第十三冊，頁132。

〔註46〕見《莊子解・大宗師》卷六，《船山全書》第十三冊，頁174。

〔註47〕見《莊子解・養生主》卷三，《船山全書》第十三冊，頁122。

〔註48〕此三個層面參考徐聖心：〈眞人不夢與莊周夢蝶——《莊子》「夢」的義蘊初探〉（《中國文學研究》第五期，1991年）一文而成，頁65～93。

〔註49〕「聽止於耳」，其義當爲「耳止於聽」。

而這一一淘盡雜質的「外」本身，也就是「心齋」「坐忘」的虛靜工夫，其達於極致，則爲朝徹見獨、無古無今、不死不生，所謂「上與造物者遊，而下與外死生無終始者爲友」的逍遙境界。

船山形容神人之「神」的工夫及境界如下：

> （丁–1）夫豈知神人之遊四海，任自然以逍遙乎？神人之神，凝而已爾。凝則遊乎至小而大存焉，遊乎至大而小不遺焉。物之小大，各如其分，則己固無事，而人我兩無所傷。〔註50〕

因「其神凝」者，既無分別小大之心知，故能依物之小大，各如其分，因時因地、因事因理，裁權用之，呈顯所在皆是的精神自由，遂云：

> （丁–2）其神凝者：不驚大，不鄙小，物至而即物以物物；天地爲我乘，六氣爲我御，何小大之殊，而使心困於蓬蒿間耶？〔註51〕

眞能夠「物至而即物以物物」，生命即能任自然而逍遙，無入而不自得。然「使心困於蓬蒿間」，阻擾自由自得的逍遙因素有那些呢？

> （戊–1）凡遊而用者，皆神不凝，而欲資用於物，窮於所不可用，則困。神凝者，窅然喪物，而物各自效其用，奚能困己哉？〔註52〕

> （戊–2）心一而已，而使之雜以擾者，是非也。是非交錯于天下，皆生于知。知以生是，是以形非，歧塗百出；善者一是非也，暴者一是非也，交爭而擾不可言矣。夫知生于心，還以亂心，故盡人之心不可勝詰。〔註53〕

> （戊–3）神不凝者，物動之。見可欣而悅之，猶易制者；見可厭而弗惡，難矣；見所未嘗見者，弗怪而弗懼，愈難矣。乃心一動而神不守，且病其形。夫物之所自造，無一而非天。天則非人見聞之可限矣。而以其習見習聞，爲欣爲厭爲怪，皆心知之妄耳。心知本無妄，而可有妄；則天下雖無妄，而豈無妄乎？使人終身未見豕，則不知豕之可以悅口，而且怪之矣。知天下之無所不可有，則委蛇之怪猶豕耳。故神凝者，不見天下之有可怪，因不謂天下之無可怪。〔註54〕

〔註50〕見《莊子解・逍遙遊》卷一，《船山全書》第十三冊，頁89。
〔註51〕見《莊子解・逍遙遊》卷一，《船山全書》第十三冊，頁91。
〔註52〕見《莊子解・逍遙遊》卷一，《船山全書》第十三冊，頁91～92。
〔註53〕見《莊子解・人間世》卷四，《船山全書》第十三冊，頁128。
〔註54〕見《莊子解・達生》卷十九，《船山全書》第十三冊，頁300～301。

（戊-4）欲凝神而神困，欲壹志而志棼，其敝有三：入而藏者單豹也；出而陽者張毅也；抑不然孑立其志以與物相拒，若柴柵之不可拔，而勞形怵神以與物相靡，則內外交起，而三者爲必窮之勢，此累三累五之難也。乃以要言之，物之所以撓我之志，搖我之神，悴我之形，使與俱化而淫焉，或相持以爭而終爲物勝焉，無他，欲與利而已。甘食悅色之不制，而軒冕見榮，以之爲重，己固輕也。有意以輕之，而彼終不輕，何也？以食色之可悅而力卻之，終見其可悅也；以軒冕之可榮而力辭之，終見其可榮也。故堯不受祝宗之說，而不能脫彫俎之薦。善棄世者，知物之所自造，一出于天，各使歸其位而神自定。無物也，無己也，何足去而又惡所取也！則三者之窮自免矣。〔註 55〕

船山認爲人之所以無法虛靜無爲以致疲役神乏，（戊-1）則困於「用」。（戊-2）強調心本純一，是非生於「知」，而知由心生，雜擾心神。（戊-3）心動神不守，欣惡懼怪之妄，各有病狀現形徵驗之。（戊-4）人之所以神困志棼，因「欲」與「利」蘊於衷，其撓志搖神悴形，勉力抗拒攻治，反見其可親可欣；故凝神之道在「知物之所自造，一出于天，各使歸其位而神自定。無物也，無己也，何足去而又惡所取也！」〔註 56〕

船山示以凝神之道，而「神」與「明」的關係爲何？

（己-1）神使明者，天光也；明役其神者，小夫之知也。〔註 57〕

（己-2）故至人以神合天。神合天，則明亦天之所發矣。神與天均常運，合以成體，散以成始，參萬歲，周遍咸乎六宇；而明乘一時之感豫以發，其量之大小，體之誠僞，明之不勝神也明甚。〔註 58〕

（己-3）而愚者恆使明勝其神，故以有涯隨無涯，疲役而不休，而不知其非旦暮之得此以生也。故休乎天均者，休乎神之常運者也。神斯均，均斯平，平斯無往而不徵。〔註 59〕

---

〔註 55〕見《莊子解・達生》卷十九，《船山全書》第十三冊，頁 299。

〔註 56〕「知物之所自造，一出于天，各使歸其位而神自定。」此句若循船山釋莊之意，當爲牟宗三所言「道家之功化則爲道化之治。……重視消極意義之『去礙』。無己、無功、無名。……上下都渾然相忘」；此句亦可以儒家義理釋之，則所謂「致中和，天地位焉，萬物育焉」積極意義之功化。參見《才性與玄理》，頁 183。

〔註 57〕見《莊子解・列禦寇》卷三十二，《船山全書》第十三冊，頁 461。

〔註 58〕同上註。

〔註 59〕同上註。

從（己–1）則，心知之「明」照，於修養工夫上綰攝「常心」與「成心」，可上可下，其在「神使明」或「明役神」之源有別。（己–2、3）至人以神合天，明乃天光之照，日無所不照〔註60〕，此乃眞明；而一般之「明」（此「明」乃「坐忘」工夫中的黜「聰明」），乃無本源之「明」，猶燈照於一室，所謂「一曲之明」〔註61〕。（己–3）欲自疲役而不休的爭逐中，超拔而出，莫使「明勝其神」，其途徑在「休乎天均，休乎神之常運者」，神和均平，無往不可遊。

船山解「古之眞人，其寢不夢，其覺無憂，其食不甘，其息深深。眞人之息以踵，眾人之息以喉。屈服者，其嗌言若哇。其耆欲深者，其天機淺。」（〈大宗師〉）」之語，可以作爲上述神凝與神明工夫之結穴，其解云：

> 此眞知藏密之體也。知藏内而爲證入之牖，雖虛而固有體，藏之深淺，知之眞假分矣。夢者，神交于魂，而忽現爲影，耳目聞見徜徉不定之境，未忘其形象而幻成之。返其眞知者，天光内照，而見聞忘其已跡，則氣歛心虛而夢不起。生死禍福皆無益損于吾之眞，而早計以規未然之憂，其以無有爲有，亦猶夢也，皆浮明之外馳者也。浮明之生，依氣以動。氣之動也因乎息，而天機之出入乘焉。歛浮明而返其眞知，則氣亦沈靜以内嚮，徹乎踵矣。天機乘息以升降，息深則天機深矣。耆欲者，浮明之依耳目以逐聲色者也。雍塞其靈府，而天機隨之以上浮，即有乍見之清光，亦淺矣。耆欲塡胸，浮明外逐，喜怒妄發，如火喜油鑊，投以滴水，而烈焰狂興。中愈屈明，外愈狂爭，覺之以憂，寢以以之夢，姚佚啓態，無有之有，莫知所萌，眾人之所以行盡如馳而可爲大哀也。眞人之與眾人，一間而已。無浮明斯無躁氣，隨息以退藏而眞知内充，徹體皆天矣。〔註62〕

眞人凝存「神」之本然狀態，故能「以神合天」，天光內照，氣歛心虛夢不起，徹體皆天，即莊子所謂「朝徹」、「見獨」；眾人未能凝神，耆欲塡胸，浮明外逐，躁氣妄念不斷，覺憂寢夢，行盡如馳，此大哀之所在。因此，眾人之凝

〔註60〕亦可以參考船山另語：「明與知相似，故昧者以知爲明。明猶日也，知猶燈也。日無所不照，而無待於煬。燈則煬之，或熄之，照止於一室，而燭遠則昏，然而亦未嘗不自謂明也，故儒墨皆曰吾以明也。持一曲之明，以是其所已知，而非其所未知，道惡乎而不隱耶？」（頁102）。

〔註61〕同上註。

〔註62〕見《莊子解・大宗師》卷六，《船山全書》第十三冊，頁158～159。

神工夫之「凝」則在澄清不屬於「神」的外來雜質，以復其神明。〔註 63〕

綜觀上述，船山釋「其神凝」三字是一部南華大旨的詮義，其工夫歷程與「心齋」、「坐忘」相同，將異化扭曲的生命假相予以層層剝落，回到生命的本眞，終能以此至虛之氣以待外物，此謂之「神全」〔註 64〕（即「凝神」之效）遂能「用心若鏡，不將不迎，應而不藏，故能勝物而不傷」。〔註 65〕

## 第四節　能移以相天的生死觀：無不可遊，無非遊也

世人對於生命終歸於死亡的必然性，不免「患死」「哀死」，莊子反其道而行，以敘述性的故事：以卮言、重言、寓言的方式，透過特殊對象及具體境遇，如老聃之死，妻死鼓盆而歌等等內容，欲解消世人對死亡的繫縛，超越樂生惡死的困境；或從宇宙氣論談生說死以擴大生命視域，其言：

> 人之生，氣之聚也。聚則爲生，散則爲死。若死生爲徒，吾又何患？故萬物一也。是其所美者爲神奇，其所惡者爲臭腐，臭腐復化爲神奇，神奇復化爲臭腐，故曰：通天下一氣耳。（《莊子・知北遊》）〔註 66〕

在「通天下一氣」的背景下，新故密移的宇宙場域，氣聚爲生，氣散爲死，與萬物同一自然場域，生死相繼亦如晝夜更替，「生」源於自然，「死」又復歸於自然，莊子以自然的循環、變遷爲視域，將「死」置於自然之鏈中，無疑具有去魅的意義〔註 67〕。因此，在生死觀研究方面《莊子》受到最多的關注〔註 68〕，其影響也很深遠。〔註 69〕

---

〔註 63〕本段釋義參引施盈佑釋凝神之「凝」二義，見《王船山莊子學研究——論「神」的意義》（靜宜大學中國文學系碩士論文，2006 年），頁 56。

〔註 64〕見《莊子解・達生》卷十九，《船山全書》第十三冊，頁 294。

〔註 65〕《莊子解・應帝王》卷七，《船山全書》第十三冊，頁 183。

〔註 66〕見《莊子解・知北遊》卷二十二，《船山全書》第十三冊，頁 333。

〔註 67〕見楊國榮：《莊子的思想世界》（北京：北京大學出版社，2006 年），頁 210。

〔註 68〕參見附錄一〈全國博碩士論文生死觀相關題目研究分析一覽表〉。在道家道教中十三篇，與莊子相關的約十一篇。《莊子》生死觀受到研究者最多的關注，其中最大的因素是莊子在先秦諸子中，十分重視生死問題，其生死觀內容最豐富，特色最鮮明。《莊子》一書三十三篇，論及生死問題的有〈逍遙遊〉、〈齊物論〉、〈養生主〉、〈人間世〉、〈德充符〉、〈大宗師〉、〈天道〉、〈秋水〉、〈至樂〉、〈達生〉、〈田子方〉、〈知北遊〉、〈庚桑楚〉、〈寓言〉、〈盜跖〉、〈天下〉等篇。

〔註 69〕趙可式在研究中，談到醫者面對自己死亡時的感受與態度，其個人生死觀受

王船山曾言莊子「詳於言死而略於言生」〔註 70〕，他是在怎樣的生死思維下，言莊子「詳於言死而略於言生」？

首先就生死態度比較，船山主張「哀死」乃人情之眞，「患死」則妄：

由致新而言之，則死亦生之大造矣。雖而合事近喜，離事近憂，乍往必驚，徐來非故。則哀戚哭踊，所以留陰陽之生，靳其離而惜其合，則人所以紹天地之生理而依依不舍於其常者也。然而以之爲哀而不以之爲患，何也？哀者必眞，而患者必妄也。……人知哀死而而不必患死。哀以延天地之生，患以廢天地之化。故哀與患，人禽之大別也。〔註 71〕

顯然船山和莊子都由推故致新的大化流行看待「死亡」問題，遂言「死亦生之大造」，故「不患死」的態度，與莊子同；但人知哀死，不捨生之常，乃人情之眞，基於對「生」的敬畏而來。面對「生」的有限性與「死」的必然性，因此儒者特別彰顯「珍生」、「敬生」之意，如何在現世活出生命的意義與價值，尤爲注重。遂有孔子「未知生，焉知死」之反詰。相對的，莊子妻死鼓盆而歌的形象，與秦失弔老聃所言「安時處順，哀樂不能入」等表現，莊子「不哀死」的態度，與船山有所不同。

〈達生〉篇承繼莊子內七篇的思想宗旨與修養工夫，其內容深得船山所稱揚，其云：

此篇於諸外篇中尤爲深至，其於內篇養生主大宗師之說，獨得其要歸。……「子列子」以下，則言其用功之要，唯純氣凝精，重內輕

老莊哲學傳統影響很深，醫師們雖未用老莊的語言來描述自己的生死觀，但「生死乃自然律」的傾向非常明顯。見《醫師與生死》（臺北：寶瓶文化，2007年），頁 125。

〔註 70〕船山云：「今且可說死只是一死，而必不可云生只是一次生。生既非一次生，則始亦年一日始矣。莊子藏山、佛氏刹那之旨，皆云新故密移，則死亦非頓然而盡，其言要爲不誣；而所差者，詳於言死而略於言生。」見《讀四書大全說・論語》卷六，《船山全書》第六冊，頁 750。按：楊國榮認爲船山對莊子之評「『略於言生』，似未能把握莊子生死之論的全部內涵」、「（莊子）從『死』的自然化（齊生死）到『死』的理想化，莊子最後在實質上依然關注於現實的生命存在」（《莊子的思想世界》，頁 217），筆者認爲《莊子・大宗師》言「故善吾生者，乃所以善吾死也。」確實莊子依然是肯定現實生命的存在，但船山並非未能把握莊子生死之論的全部內涵，而是船山立足於繼天立極，性命日生日成的義理系統看莊子生死觀，不免有「略於言生」之慨歎。

〔註 71〕《周易外傳》卷二，《船山全書》第一冊，頁 888～889。

外，不以心稽而開其天于靈臺。雖雜引博喻，而語脈自相貫通；且其文詞沈邃，足達微言；雖或不出於莊子之手，要得莊子之眞者所述也。〔註 72〕

因此，船山對於此篇之注解，宏旨精論，對於生死議題的闡釋尤爲警闢。其言：

蓋人之生也，所勤勤于有事者，立德也，立教也，立功也，立名也。治至於堯，教至於孔，而莊子猶以爲塵垢粃糠而無益於生。使然，則夷跖同歸於銷隕，將縱欲賊物之凶人，與飽食佚居、醉生夢死之鄙夫，亦各自遂其逍遙，而又何事于知天見獨，達生之情，達命之情，持之以愼，守之于默，持不可持之靈臺，爲爾勞勞哉？唯此篇揭其綱宗于「能移而相天」，然後見道之不可不知，而守之不可不一，則内篇所云者，至此而後反要而語極也。世之爲禪玄之教者，皆言生死。玄家專於言生，以妄覬久其生；而既死以後，則委之朽木敗草、遊燐野土而不恤。釋氏專于言死，妄計其死之得果；而方生之日，疾趨死趣，早已枯槁不靈，而虛負其生。唯此言「能移」，而且言「能移以相天」，則庶乎合幽明於一理，通生死於一貫；而所謂道者，果生之情，命之理，不可失而勿守。故曰内篇之旨，於此反要而語極也。〔註 73〕

莊子既力說「外生」、「遺生」，而又強調「養生」，二者是否有矛盾之處〔註 74〕？船山從一儒者的立德、立教、立功、立名的政教懷抱之立人達人到賊寇、鄙夫的縱欲享樂，若一體拉平言「各遂其逍遙」，無價值的高低，以爲莊子眞視堯孔生命如塵垢粃糠，必誤解了莊子本懷。自《莊》學善言工夫修養所謂的「知天見獨，達生之情，達命之情，持之以愼，守之于默，持不可持之靈臺」的持志凝神，以守純氣的涵養，「猶未易也」〔註 75〕，是故著《莊》導後學者

〔註 72〕見《莊子解・達生》篇首序言，卷十九，《船山全書》第十三冊，頁 291～292。

〔註 73〕同上註。

〔註 74〕此爲曹受坤早年讀莊之惑，始見船山〈達生〉篇首解語而釋疑，然後歎其善能體會斯旨也。見《莊子哲學》（收入於《莊子研究論集新編》，佚名編，臺北：木鐸出版社，1988 年），莊編書頁 214；曹書 27 頁。

〔註 75〕船山言凝神不易的原因在「蓋神者，氣之神。而氣有動之性，猶水有波之性。水即無風，而波之性自在。……急求之，則又以心使氣，氣盛而神易變。守氣者，徐之徐之，以俟其内充，而自不外溢。内充則神安宅，外不溢則氣定

之用心，亦必有其寄懷。因此，船山於〈達生〉篇盛贊莊子「能移」之說，並以儒佛及玄家與莊子比較；莊子之「能移以相天」，能順應自然之法則，而形精不虧以「還輔自然」〔註 76〕；正唯順應自然之法則，而後人生乃有其價值。故船山斥〈至樂〉篇以死爲樂，是異端褊劣之教，決非莊子之言。又言：

> 莊子曰：「奚暇至於悦生而惡死」，言無暇也，非以生不可悦，死不可惡爲宗，尤非以悦死惡生爲宗；哀樂不入其中，彼固有所存者在也。老子曰：「吾有大患，唯吾有身；及吾無身，吾有何患！」有者，有身之見；無者，忘己以忘物也。無患，則生亦何不樂之有乎？〔註 77〕

船山肯定形色皆貴，但不是貴身以求益生，或賤身以求死趨，二者皆非存在之道，所存者「忘己以忘物」、「合幽明於一理，通生死於一貫」，不入悅惡生死哀樂之中，故曹受坤稱道：

> 王氏（船山）之說，可謂得無古今而後能入於不死不生之旨，人生於是乎有價值矣。〔註 78〕

換言之，船山特別強調「能移而相天」的生死觀，「得無古今而後能入於不死不生」之化境。嚴壽澂因此而言「若擺脫神教之見，可發覺船山其實有甚深的宗教信仰。」〔註 79〕

以下將進一步展開「能移而相天」的詮釋，曹氏言「得無古今而後能入於不死不生」，嚴氏謂船山有甚深之宗教信仰、宇宙情懷，才可以明白其義。

《莊子・達生》云：

> 達生之情者，不務生之所無以爲；（無益於生）達命之情者，不務知之所無奈何（雖知之而無可奈何）。……棄事則形不勞，遺生則精不虧。夫形全精復，與天地爲一。天地者，萬物之父母也，合則成體，散則成始（成體而爲人，成始則反天地之正）。形精不虧，是謂能移

---

而終不變；舉天下可悦可惡可怪可懼者，自望而反走，純氣不待守而自守矣。」見《船山全書》第十三冊，頁 301。

〔註 76〕此爲郭象語。然船山之「相天」，與天地萬物的關係，本諸儒者參贊化育的積極安頓而言「能移而相天」，道家式的「相天」或「還輔自然」反而接近美感式的觀照境界。

〔註 77〕見《莊子解・至樂》卷十八，《船山全書》第十三冊，頁 284。

〔註 78〕見《莊子哲學》（收入於《莊子研究論集新編》，佚名編，臺北：木鐸出版社，1988 年 9 月），莊編書頁 215；曹書 28 頁。

〔註 79〕見《近世中國學術通變論叢》（臺北：國立編譯館，2003 年），頁 49。

（離去此而自全于彼）；精而又精，反以相天（助天之化理，恆有精氣在兩間以成化）。〔註80〕

船山認爲此段可以與易學「精氣爲物，遊魂爲變」與論語「知生」道理印證，而甚讚莊子之歸趣〔註 81〕。但細讀下文此段釋文所闡釋的義理，其實已融滲船山剛健篤行的思想在其中，是儒道視域融合的詮解：

生之情者，有其生而不容已者也。……夫生必有所以爲生，而後賢于死。特天下之務之者，皆生之無以爲，則不如無爲。而奚容不有所爲耶？

首先，船山肯定生命存在的價值，亂世生無以爲，而不如無爲，然就生命實情而言，人生天地間，必有不容已所以爲生的作爲，參贊成化。

命之情者，天命我而爲人，則固體天以爲命。唯生死爲數之常然，無可奈何者，知而不足勞吾神；至于本合于天，而有事於天，則所以立命而相天者，有其在我而爲獨志，非無可奈何者也。

對於死生有數之命，與體天立命相天的態度，船山辨析面對前者固然無可奈何，但須明白卻無須費神；而面對「天命我而爲人，則固體天以爲命」，人責無旁貸承擔體天之志命，以相輔天地，處處是工夫，刻刻是踐履，人可以主動參與，以成就日新富有的德業，強調「非無可奈何」的受命運擺布。

人之生也，天合之而成乎人之體，天未嘗去乎形之中也。其散也，形返于氣之實，精返于氣之虛，與未生而肇造夫生者合同一致，仍可以聽大造之合而更爲始，此所謂幽明始終無二理也。……若兩者（形全精復）能無喪焉，則天地清醇之氣，繇我而摶合。迨其散而成始也，清醇妙合于虛，而上以益三光之明，下以滋百昌之榮，流風盪于兩間，生理集善氣以復合，形體雖移，清醇不改，必且爲吉祥之所翕聚，而大益於天下之生；則其以贊天之化，而垂於萬古，施於六寓，殺於萬象，益莫大焉。至人之所以亟養其生之主者此也。〔註82〕

此論與前引《莊子・知北遊》的「人之生，氣之聚也。聚則爲生，散則爲死」

---

〔註80〕見《莊子解・達生》卷十九，《船山全書》第十三冊，頁 292。括弧中小字乃船山或王敔註。

〔註81〕見《莊子解・達生》卷十九，《船山全書》第十三冊，頁 294。

〔註82〕自「生之情者……」以下的引文，皆出自見《莊子解・達生》卷十九，《船山全書》第十三冊，頁 293。

的意思相近。不過，這則強調人秉天地之心而爲命，以志凝神，其修養若能「形全精復，與天地一」，其氣散，並非消散全無，而是「形返于氣之實，精返于氣之虛，與未生而肇造夫生者合同一致，仍可以聽大造之合而更爲始」，換言之，其精神性的存在，在新故密移的宇宙場域，「形體雖移，清醇不改，必且爲吉祥之所翕聚，而大益於天下之生」，故存在歷史文化的長河或宇宙的大化流行中，各以隱顯不同的形式俱存，這就是船山所謂的「能移以相天」，「幽明始終無二理」的義涵。

從上述的疏解中，簡言之，船山在這裡透顯一懇切的生命實可徹至生死幽明兩間：生之時，成乎個體之人，體天立命；死之後，其清醇之神氣返回天地，繼續存在其影響力。船山認爲幽明始終不二的實踐之理以贊天之化，這才是至人養生之主的根本之道。而非避外物之累的捨本逐末，也非貪求個人安適之逍遙，或用錯工夫、徒養易謝之主。

《莊》學義理透過達生之情與達命之情的主體修養工夫，到「形全精復」時，自體用不二而言，理當涵其「用」，惟其用雖云「相天」，乃道家氣化論下的虛涵其「用」，並未予以積極的肯定與闡發，船山則賦予深刻的義涵：

> 天下治之已久，則人耽于於物之可悅，而怪其所不常見，于是忿慉之氣浮動於人心，當其時，攻戰殺戮之禍，尚未動也；已而懷忿慉者，形謝而氣返于虛，以爲更生之始，則忿慉之氣與化成形，以胚胎于有生之初，而兩間乃繁有囂凌爭利、狂奔樂禍之氣質，以成乎乖忤之習，無端而求，無端而忮，得而驕，失而競，而後攻戰殺戮之禍，歘然以興而莫以能止；迨乎消亡隕滅，而希微之禍本猶延及於數百年之後，以相續而復起。然則有能達命之情，不虧其精以相天而守氣之純者，其以養和平而貴天下之生，清純之福，吉祥所止，垂及萬歲而不知所以然而然，無功之功，神人之相天而成化，亦盛矣哉！浮屠自私以利其果報，固爲非道；而先儒謂死則散而之無，人無能與於性命之終始，則孳孳於善，亦浮漚之起滅耳，又何道之足貴，而情欲之不可恣乎！〔註83〕

這段文字乍看與佛家業識輪迴相似，深入細究，船山立足宇宙，以生命存在的永恆性，神氣長存之理，解「神人之相天而成化」。持志凝神而守氣之純者，其和平清純之神氣，兩間吉祥所止，即令死後亦造福後世，影響深遠。反之，

〔註83〕見《莊子解》卷十九，《船山全書》第十三冊，頁302～303。

負面忿慉之氣與化成形，亦綿延不息。除非人以健順和平之氣，不虧其形精，重返原初的清醇之氣，以化忿氣災禍。充滿宇宙情懷與責任意識的船山，不屑佛家業識果報輪迴作爲修行的動力，也不滿朱子「死則散而之無」，他正視「性命之終始」乃健全之生死觀，行善的本身與修養的意義才不會是浮漚的起滅無常，此之謂「死生不變，則休于天均」〔註84〕。故能「遊于生死」，而能「不死不生之眞與寥天一矣」。〔註85〕

# 結　語

莊子以「寓言十九、重言十七、巵言日出」的論證方式，表現出亙古而常新的生命之理，而文本的歧義性與豐富性〔註86〕，留給後代詮釋者最有利的空間。船山以「其神凝」綰繫「一部南華大旨」，透過凝神達生的修養工夫，形精不虧，則無不可遊，無非遊也，凸顯逍遙遊的生命境界。

在歷代詮釋《莊子》的長河中，精義散見，誠如錢穆云：

> 船山論老莊，時有創見，義趣宏深……學者當治其書。上較阮、邵，足以長智慧，識流變。大抵嗣宗得莊子之放曠，康節得莊之通達，船山則可謂得莊之深微。學者由阮而邵而王，循以登門，而窺堂奧，又復由莊而顔，亦庶幾乎尼山之一面。若驟尋之於老聃、郭象則希不失之矣。〔註87〕

「得莊之深微」，本文僅就生死相關論題探討，無法盡析其解莊之宏深精微。然由人之何以神困、無法志一凝神，乘物以遊心的申發闡釋中，相較於郭象之玄學式的「冥化之理」尤見其表詮之深刻與諄懇。

自生死觀角度契入船山解《莊》通《莊》的義理，由微見著，其精蘊亦宏遠。船山和莊子都由推故致新的大化流行看待「死亡」問題，故「不患死」的態度，與莊子同；但主張「哀死」乃人情之眞，彰顯「珍生」、「敬生」之意，如何在現世活出生命的意義與價值，尤爲注重。相對的，莊子妻死鼓盆而歌的形象，與秦失弔老聃所言「安時處順，哀樂不能入」等表現，莊子「不

〔註84〕見《莊子解》卷二，《船山全書》第十三冊，頁114。

〔註85〕二句見《莊子解》卷六，《船山全書》第十三冊，頁174。

〔註86〕崔大華：《莊子歧解》（河南：中州古籍出版社，1988年），此書歸納自魏晉以來學術思潮影響下形成對《莊子》字句、思想的不同解釋和理解，可謂是「歧解」之大觀。

〔註87〕見《莊子纂箋》（臺北：三民書局，1993年）序目，頁4。

哀死」的態度，與船山有所不同。

《莊》學義理透過主體修養工夫，理當涵其「用」，而道家式的虛涵其「用」，並未予以積極的肯定與闡發，王船山引莊生之說，以通君子之道，以儒家易學氣論表詮「能移以相天」契會莊子生死之道，在莊子自然氣論的場域中，多了贊天之化的宇宙情懷與責任意識；又因爲能正視性命終始、幽明不二的生死觀，超越死生的困限，故能「無不可遊，無非遊也」的立命與逍遙。

# 第六章　安死自靖，貞魂恆存
## ——以《楚辭通釋》爲切面的生死觀

## 前　言

《楚辭通釋》是王船山（1619～1692 年）研究《楚辭》的心得與成果，完成於清康熙二十四年（1685 年）爲船山六十七歲晚年作品之一。根據其子王敔〈大行府君行述〉〔註 1〕的敘述：

> 詞賦之源流莫高於屈宋，……屈子以哀怨沉湘，抱今古忠貞之慟，其隱情莫有傳者，因俱爲之注……《楚詞通釋》。……自作〈九昭〉，以旌三閭之志。

《楚辭通釋》是船山深感屈原（前 335～296？年）〔註 2〕的人格與境遇，恐其「忠貞之慟」，隱沒不傳，特爲作注表彰，並以擬騷體撰〈九昭〉，「孤心尚相髣髴」〔註 3〕之作，附於卷末，「以旌三閭之志」。

因此，《楚辭通釋》除了一般的字句釋義注釋之外，在立意詮釋方面，對於屈原的思想情感的幽懷惻怛，船山流露出更多的戚心共感，藉以抒發心中的孤憤之情，寄託家國之思。如果說屈原是用美人香草來寄託他的君國之思的話，那麼船山便是借注《楚辭》來抒發他的亡國之痛。〔註 4〕

---

〔註 1〕《船山全書》第十六冊，頁 74。

〔註 2〕屈原生年有數種說法：推算公元前 340 年（郭沫若）；前 353 年（胡念貽、金開誠）；前 343 年（游國恩），本文依林庚〈屈原生卒年考〉，見《林庚楚辭研究兩種》（北京：清華大學出版社，2006 年）。

〔註 3〕《楚辭通釋・序例》，《船山全書》第十四冊，頁 208。

〔註 4〕見田素蘭著：〈王船山《楚辭通釋》述評〉，《國文學報》十七期，1988 年 6 月。

船山以「蔽屈子以一言曰『忠』」〔註5〕贊語肯定屈原「愛君憂國，不以生死而忘」〔註6〕的崇高人格，故對於屈原以「子」稱之，離騷以「經」名之〔註7〕。在〈離騷經〉解題云：

> 夫以懷王之不聰不信，內爲艷妻佞之所蠱，外爲橫人之所劫，沈溺瞀亂，終拒藥石，猶且低回而不遽舍，斯以爲千古獨絕之忠。而往復圖維於去留之際，非不審於全身之善術，則朱子謂其過於忠，又豈過乎！〔註8〕

他反對朱子（1130～1200年）對屈原「千古獨絕之忠」，竟以「過於忠」〔註9〕謂之，不無興歎。

本研究目前所搜集的有關《楚辭通釋》方面的研究，大多立於楚辭學史角度，概觀此書特色及得失；或就屈原的際遇與船山身世並論，以見此書的特殊地位。簡言之，《楚辭通釋》在體製選篇、思想主題、題材與字句的詮釋等方面，船山博學多識及文學鑑賞的素養與生平經歷，常能精準的點出妙處所在，並有其獨到見解；而論及《楚辭通釋》的缺失，除了一些值得商榷的文義外，莫過於「以道教煉丹法注釋〈遠遊〉及〈離騷〉末段，是他最大的失誤」〔註10〕、「《通釋》的不足主要表現在用道家煉丹養氣之說來釋富於想

---

〔註5〕《楚辭通釋・序例》，《船山全書》第十四冊，頁208。

〔註6〕《楚辭通釋》，卷四〈九章・悲回風〉，《船山全書》第十四冊，頁347。

〔註7〕王逸在《楚辭章句》雖稱爲〈離騷經〉，但釋「經」爲「道徑」，並未視爲「經典」。船山在《楚辭通釋・序例》中稱〈離騷〉爲「經典」以〈騷經〉名之；尊屈原爲「屈子」，有言：「今此所釋，不揆固陋，希達屈子之情於意言相屬之際。」

〔註8〕《楚辭通釋》，卷一〈離騷經〉，《船山全書》第十四冊，頁212。

〔註9〕船山對於朱子對屈原的人格評價，另見一處：「原之忠，豈忠而過乎！」《船山全書》第十四冊，頁242。朱子在《楚辭集註・序》言：「原之爲人，志行雖或過於中庸而不可以爲法，然皆出於忠君愛國之誠心。原之爲書，其辭旨雖或流於跌宕怪神、怨懟激發而不可以爲訓，然皆生於繾綣惻怛、不能自已之至意。雖其不知學於北方，以求周公、仲尼之道，而獨馳騁於變風、變雅之末流，以故醇儒莊士或羞稱之。然世之放臣、屏子、怨妻、去婦抆淚謳唫於下，而所天者幸而聽之，則於彼此之間，天性民彝之善，豈不足以交有所發，而增夫三綱五典之重！此予之所以每有味於其言，而不敢直以『詞人之賦』視之也。」朱熹撰，蔣立甫校點：《楚辭集註》（上海：上海古籍出版社，2001年），頁3。究觀朱子之言，仍給屈原其人其書極高的評價，以蘊藏在作品中的巨大感發力量，是可以「增夫三綱五典之重」，但以儒家溫柔敦厚詩教的角度視之，則有瑕不掩瑜的惋惜。

〔註10〕見曾也魯著：〈王船山與《離騷》〉，《衡陽師範學院學報》，2000年第五期。

像的詩句」〔註 11〕、「或而最奇特的是〈遠遊〉一篇與〈離騷〉末尾遠逝一段，船山全部採取談玄者鉛汞、龍虎、三花、五炁之說來詮釋……船山雖然覺得這種詮釋法解〈遠遊〉『無不吻合』，但恐非屈子之本意，而且後世之讀者也愈看愈玄，愈不能明瞭〈遠遊〉的旨意了。」〔註 12〕

這些異於傳統的詮釋和闡發，幾乎被後來的學者視爲嚴重的偏頗，已遠離屈原〈遠遊〉的題旨了。

在經典詮釋上，能否建構作者的原意，其實是有爭議的。換言之，經典之所以爲經典，「原意」與「發展」同時並存於讀者的視域與詮釋中。上述研究者依循歷來對於〈遠遊〉的理解是否就是「較好地」理解呢？而船山「別開生面」的理解與注釋作爲「不同地」理解〔註 13〕，是穿鑿附會的牽強？或是還有其他解讀的空間（當然也包含「誤讀」的可能）？換另一個角度，也許我們可以在《楚辭通釋》中讀出船山與屈原生死幽微的對話？

本文即從船山在《楚辭通釋》中的文義闡發中，試著從屈原一次次的生命選擇至最後的生死抉擇，面對存在的艱難，船山思想中的「珍生」的人生哲學，他如何看待屈原生死？也包括他處在天崩地裂的時代又如何看待他生死的抉擇？

〈遠遊〉究竟是屈原想像的精神遨遊以消解現實的苦悶；或屈原兩次出使齊國，正值稷下學風大盛時期，不免受到黃老神仙之術、精氣修煉的影響？暫且放下文本的考訂與詮釋的兩可，不妨順著船山理解的脈絡去解讀潛在的意義。屈原的道家丹道養生術，是純粹的消極避世，以逸出人間的逍遙自得？抑或包含對生命的某種期許呢？

行文至此，或許我們可以進一步討論船山「山中時著道冠，歌愚鼓。」〔註 14〕的道教內丹修煉，他除了身體力行外並以樂歌的形式著述《愚鼓詞》〈十二時歌〉，其行徑與《楚辭通釋》中的屈原受到道家（教）的影響頗相似。「七

〔註 11〕見周建忠著：〈王夫之《楚辭通釋》及研究〉，《船山學刊》，2004 年第四期。另見林潤宣著：〈論王夫之的《楚辭通釋》〉說法相近，《荊州師範學院》，2002 年第六期（社會科學版）。

〔註 12〕見田素蘭著：〈王船山《楚辭通釋》述評〉，《國文學報》十七期，1988 年 6 月。

〔註 13〕借用張鼎國著：〈「較好地」還是「不同地」理解：從詮釋學論爭看經典註疏中的詮釋定位與取向問題〉的題目之語。收錄在黃俊傑編：《中國經典詮釋傳統（一）通論篇》（臺北：喜馬拉雅基金會，2001 年）。

〔註 14〕見王敔：〈大行府君行述〉，《船山全書》第十六冊，頁 73。

尺從天乞活埋」的船山，道教在他生死觀中具有什麼樣的意義呢？這也是本論文的問題意識之一。

本文的論述方式以《楚辭通釋》（並含卷末船山〈九昭〉〔註 15〕之作及其釋文）爲主，探討屈原——船山的生死對話，並佐以船山其他的重要文獻和今人的研究成果，以彰顯《楚辭通釋》中的生死觀特色。

## 第一節　船山生死體驗與幽志棲隱

君子立身行世，於詭譎飄搖的時代，固不以個人榮辱爲計慮，然「貞一之理」與「相乘之幾」〔註 16〕而來的踐行，因時、因地、因人（氣質、位置等）而有所不同。君子行道剛健不息，則「充天地之位，皆我性也；試天地之化，皆我時也。是故歷憂患而不窮，處死生而不亂，故人極立而道術正。」〔註 17〕

船山一生約可分爲三個時期：二十四歲前（1619～1642 年）受父兄教訓成材時期，二十四歲至三十五歲（1642～1653 年）爲國事奔走時期；三十五歲至七十四歲（1653～1692 年）歸隱著述時期〔註 18〕。船山少負雋才，以其先天浮動不羈的氣質，幸賴父兄之疏導，教以立命之道〔註 19〕，與時代激憤之氣結合而成船山之忠義。在國族之危、綱紀敗壞之際，如何裕其德不改其志，不遷其守，是青壯期船山出入險阻、歷憂患的重要考驗，姑舉船山出生入死患難二例以見其生死抉擇。

崇禎十六年（1643 年），船山（二十五歲）中舉的第二年，張獻忠軍攻陷武昌、衡州，鉤索船山兄弟去做官，其凡士紳之不投順者，就被投入湘水。船山父子三人隱匿在南嶽蓮花峰，王父被發現拘執，作爲人質，欲其招致船山兄弟，王父堅決不允。爲了救父親，船山以其膽識和勇智舉動，「自刺身作重創，傅以毒藥，舁至賊所，得脫於難」。〔註 20〕

〔註 15〕見《薑齋文集》，卷五〈九昭〉，《船山全書》第十五冊，頁 147～163。

〔註 16〕見《讀通鑑論》，卷二〈漢文帝〉，《船山全書》第十冊，頁 117。

〔註 17〕見《周易外傳》，卷七〈雜卦傳〉，《船山全書》第一冊，頁 1114。

〔註 18〕內容詳見曾昭旭著：《王船山哲學》，第一編〈船山之生平〉。

〔註 19〕「要行己自有本末，以人爲本而己末之，必將以身殉他人之道，何似以身殉己之道哉？愼之，一入而不可止，他日欲殉己而無可殉矣。」見《薑齋文集》，卷十〈家世節錄〉，《船山全書》第十五冊，頁 219。

〔註 20〕見王敔：〈大行府君行述〉，《船山全書》第十六冊，頁 71。

亂世鼎沸之際，天理幽隱，初無定在，明朝亡後，青年時期的船山與管嗣裘在衡山舉兵抗清失敗。清順治七年（1650 年），他奔赴南明桂王行在肇慶，任行人司行人介子之職，當時桂王政權綱紀大壞，賢良力圖振刷，反遭陷害。說動輔臣嚴起恆向朝廷進言，桂王不聽。爾後姦邪內閣王化澄一面勾結孫可望爲外援，要挾桂王，盡除異己，船山三次上疏劾王化澄結奸誤國，小人恚甚，必欲殺之，擬構大獄陷害，船山激憤咯血，移疾求去。高必正營救得不死，回歸故里。船山一生行徑於進退生死中，其中千回百折的心境，船山在《薑齋文集》中有更深入的書寫，《章靈賦》言：

> 驂儆余以荒術兮，皇雖阻其猶平。……亹申申其離即兮，余情婉以終留。陳介李其咼共兮，慭有心而長區。荃服鶩而未閑兮，或進骲而善啼。……余姣固殉於所字兮，蒼天正余以無奔。虹奇色其眾媚兮，睽星樞以思存。蹇疾頞而嬰疹兮，返牢茲以行路。

船山以比興手法，道出欲圖效忠南明報國而反遭排斥的慘痛經歷。在《章靈賦》序言：

> 時（明桂王永曆六年，順治九年，1652 年）孫可望挾主滇黔，有相邀赴之者。久陷異土，既以得主而死爲歆。託比匪人，尤以遇巷非時爲戒。仰承神告，善道斯章，因賦以見。〔註 21〕

船山滿懷赤忱之心，以「期」爲君國盡忠犧牲而無憾，然桂王此時爲悍帥所挾持，恐不得其主之「愆」，進退維谷，占卜筮得「睽」之「歸妹」，明年「筮復如之」，連續兩次得到相同的兩卦，神筮的「託比匪人」、「遇巷非時」提示，特別是「非時」的告誡，釋文中更細膩的描述決定去留的過程與心境：

> 命在天而志在己，唯觀其象，玩其占，保吾正大光明之氣，以體白日于丹心而已……於占既然，素志亦爾，神與心協，守其昭質，暗投之侶必謝，幽棲之志益堅矣。

他對於邀往與幽隱，進退縈回，躊躇再三，像屈原那樣，一再筮卜，以定行止，由於連得相同兩卦，認爲是神筮之善告，從此以遺臣身分，孤憤著書，「保吾正大光明之氣」，從而堅定「命在天而志在己」，「退伏幽棲，俟曙而鳴」〔註 22〕，以待後來者。

他經歷了亡國破家、自刺重創救父脫難、抗直勸諫被害、飢寒交迫流亡

〔註 21〕見《薑齋文集》，卷八〈章靈賦〉，《船山全書》第十五冊，頁 183。
〔註 22〕見《薑齋文集》，卷八〈章靈賦〉，《船山全書》第十五冊，頁 195。

生涯的日子，在飽經憂患、出入險阻、生死考驗的歲月中，最後選擇幽志棲隱，素心不悔，終其一生抱孤憤自靖，希正學以立人極，眞正做到「歷憂患而不窮，處死生而不亂」〔註 23〕的貞德精神。其一生之抉擇，正如王敔所云：

> （船山）天性肫摯，見機明決，時有不測之險，則致命而處之恬然，偶近於名，則亟避之。常曰：「釋氏以死生爲大事，死生，天事也，於人何預？行藏者，吾之生死也。」〔註 24〕

船山一生行藏，即是出生入死的經歷，面對時代崩亂、君國之思、姦邪阻道的考驗不斷，即可明白他在〈九昭〉序中何以言「邁閔戢志，有過於屈者」，這其中有深沈的哀痛隱在其中，船山以他一生的際遇和儒者忠貞人格的自勵，在晚年以《楚辭通釋》道出屈原千古之孤忠，同時也抒發他千古同調的貞懷。

## 第二節　船山珍生思想與屈原的生死抉擇

歷來對屈原的評價，並不是完全以正面的形象出現，負面之評如漢人等以「露才揚己」、「沈江而死」貶之〔註 25〕；或褒貶俱陳如朱子〔註 26〕；一向臧否人物，近乎嚴苛的船山〔註 27〕，對於屈原肯定，毫不吝惜的給予高度評

---

〔註 23〕見《周易外傳》，卷七〈雜卦傳〉，《船山全書》第一冊，頁 1114。

〔註 24〕見〈大行府君行述〉，《船山全書》第十六冊，頁 75。

〔註 25〕班固譏其「露才揚己，競乎危國群小之間，以離讒賊。」又曰「愁神苦思，強非其人，忿懟不容，沈江而死」（班固〈序騷〉）；揚雄病其「棄由聃之所珍，蹠彭咸之所遺。」（揚雄〈反騷〉）；顏之推則云「自古文人，常陷輕薄。屈原露才揚己，顯暴君過。」（《顏氏家訓・文章篇》）；劉知幾亦謂「懷襄不道，其惡存乎楚賦。」（《史通・載文篇》）；司馬光修《通鑑》，至不列屈原行事。此皆於屈原致不滿者。轉引見劉永濟〈箋屈六論・屈子學術第三〉，羅聯添編《中國文學史論文選集》（臺北：學生書局，1978 年）。

〔註 26〕見朱子：《楚辭集註・序》。

〔註 27〕例：杜甫以「詩聖」居文學史重要地位，影響後世深遠。然船山在《詩廣傳》，卷一〈論竹竿〉以「情不相襲」旨意言「耳食鮑焦、申徒狄、屈平之風而呻吟不以其病，凡此者，又惡足以言性情哉！匹夫之婞婞而已矣。《書》曰：『若德裕乃身。』裕者，憂樂之度也。是故杜甫之憂國，憂之以眉，吾不知其果憂否也。」提出他對杜甫詩情的質疑。就船山而言，其文學鑑賞或人格品鑒的批評，自成完整的思想體系，其實並沒有所謂的嚴苛這一回事。他批判的是耳食無謂的呻吟，缺乏眞誠的性情之作。見《船山全書》第三冊，頁 338。

價。〔註28〕

這在珍生愛生的文化背景——如《孝經》開宗明義，所謂「身體髮膚，受之父母，不敢毀傷，孝之始也。」或「天地之大德曰生」〔註29〕，珍惜生命根源有二義：一則始自形命的父母與賦予德命的天，故人「得天之最秀者也」〔註30〕，船山遂云：

> 聖人者人之徒，人者生之徒，既已有是人矣，則不得不珍其生。〔註31〕

因此，活出生命的意義與價值，無忝所生，就成了「珍生」的要義。

在這樣的文化氛圍中，他是站在什麼樣的義理標準禮讚屈原，面對屈原最後生死徘徊與抉擇的過程，他未責其「行過中庸，而不可以爲法」〔註32〕，這其中的道理，有待我們回到《楚辭通釋》的文本中，重新檢視屈原的心聲與船山的釋文，一探究竟。

屈原在〈離騷〉一開始，即表明他生命的根源來自優良的祖傳後裔，對於宗族美好的傳承他是如此的鄭重介紹「帝高陽之苗裔兮，朕皇考曰伯庸。攝提貞於孟陬兮，惟庚寅吾以降。皇覽揆余於初度兮，肇錫余以嘉名。名余曰正則兮，字余曰靈均」，船山釋文言：

> 言己與楚同姓，情不可離；得天之令辰，命不可褻；受父之鑒錫，名不可辱也。

因爲珍惜生命根源，知曉「情不可離」、「命不可褻」、「名不可辱」，故「紛吾既有此內美兮，又重之以修能」，強調「得天之美命」並「志正道，學正學成材」〔註33〕，夙夜匪懈，用功精勤，正是「珍生」的具體表現。當他看到貴族少年中，有良好的品性，高遠的志向，最後隨波逐流的墮落，「何昔日之芳草兮，今直爲此蕭艾也。豈其有他故兮，莫好修之害也。」〔註34〕他了解「好修」的重要性並時刻反省與修養，將生命置於崇高的境界，毅然地杜絕一切世俗的誘惑，與一切委瑣庸俗的行爲絕緣，故能於遭時不幸，依舊懷忠貞之志，秉其初度之美，終其一生。

---

〔註28〕見本文頁118所述。
〔註29〕見〈繫辭下傳第一章〉，《周易內傳》卷六上，《船山全書》第一冊，頁579。
〔註30〕《正蒙注》，卷三〈動物篇〉，《船山全書》第十二冊，頁104。
〔註31〕見《周易外傳》，卷二〈臨〉，《船山全書》第一冊，頁869。
〔註32〕見朱子《楚辭集註・序》。
〔註33〕《楚辭通釋》，卷一〈離騷經〉，《船山全書》第十四冊，頁214。
〔註34〕《楚辭通釋》，卷一〈離騷經〉，《船山全書》第十四冊，頁237。

然舉國若狂，眾芳皆變，世亂已成，不可救藥，「君心已離，不可復合，則尊生自愛，疏遠而忘寵辱，修黃老之術，從巫咸之詔，所謂愛身以全道也。」〔註 35〕屈原升天遊仙的過程，一般認爲並非長生成仙觀念的反映，而是精神寄託的幻想超越，他在自由的想像世界中遨遊飛翔，企圖擺脫現實孤潔痛苦的心靈。〔註 36〕

船山在〈離騷經〉末段釋「抑志而弭節，神高馳之邈邈。奏〈九歌〉而舞〈韶〉兮，聊假日以媮樂」言屈原曾有一段自得之樂：

> 忘寵辱而棄世以遊仙自適，庶乎憂憤之志抑而馳神於高遠，氣和而心得，若奏〈九歌〉，舞〈簫韶〉，終天年以欣適，則內不喪己，外不徇物，憂危不動其心，而無虧於素節：是巫咸所告，爲退而自全之道。其視女嬃順俗之諫、筳篿外仕之謀爲愈，而己之所欲從者也。

女嬃以順俗功利妥協的處世之道勸諫屈原，離開宗族國就仕，必能盡其才，得其名利，此說無法打動屈原的心；而巫咸告以黃老修養之術，的確得到很大的滿足：「不喪己」、「不徇物」、「不動心」的自全之道，得以遊仙自適，憂憤之志一時消解，逍遙欣樂。

而當處在遊仙生命高峰時，屈原以生動的節奏，道出轉折中的悱惻纏綿：「陟陞皇之赫戲兮，忽臨睨夫舊鄉。僕夫悲余馬懷兮，蜷局顧而不行。」而所有的歡愉在臨睨舊鄉時，君國之思、濟世之志所凝聚的道德情感一一浮現，無可閃躲；面對人間的至情至性，遊仙遠遊的自適何其輕渺，或可謂「生命中不可承受之輕」，故船山釋文云：「乃倏爾一念，不忘君國之情，欲禁抑而不能，則生非可樂，和不可久，魂離魄慘，若僕悲馬懷，而遠遊之志頓息。」〔註 37〕

屈原的「自沈」不是一般的殺身成仁（例：沙場爲國捐軀的慷慨赴義），反而是不斷的徘徊去留生死兩端，直到「身之終錮，國之必亡，無餘望矣，

---

〔註 35〕《楚辭通釋》，卷一〈離騷經〉，《船山全書》第十四冊，頁 239。

〔註 36〕亦有學者，自神話宗教的思維解讀屈原遠遊的意義，「屈原昇天遠遊，不僅不可視爲精神迷離下的幻象，它實具有彌縫人世〈人性〉缺陷，使完美如泰初之人的意義；而且，我們還可說此種意義不僅是主觀的情感，或社會文化集體的表象，它實與戰國時期，楚人對人之所以爲人的獨特認識，有密切的關聯。」見楊儒賓：〈離體遠遊與永恆的回歸——屈原作品反應出的思想型態〉，《國立編譯館館刊》第二十二卷第一期，1993 年 6 月。

〔註 37〕《楚辭通釋》，卷一〈離騷經〉，《船山全書》第十四冊，頁 241。

決意自沈」〔註38〕，他望不到國族的興旺，而僅能在放逐流竄的土地上行吟，國族個體彷彿就在無盡的黑夜中，看不到點點星辰，只有耿耿之孤忠如燭火一般燃燒著，直到「頃襄之世，竄徙亟加，國勢日蹙」〔註39〕，連退處遊仙遠逝自適、俟命以待的希盼，都一一落空，那微弱渺茫的生命之光，不再人間續燒。從〈離騷經〉初萌「唯誓依彭咸，以死自靖」〔註40〕的想法，到〈悲回風〉的永訣，「決志一死，無所復待，遺此孤忠，長依君側。君雖莫我能知，而矢志於泉壤者固然，此屈子之所以爲屈子也！」〔註41〕

在船山眼中，屈原這種「忠貞之士，處無可如何之世」〔註42〕的抉擇，最後「安死自靖，怨誹而不傷」〔註43〕的遺音，「固非柴桑獨酌、王官三休之所能知」〔註44〕；對於賈誼（前200～168年）在〈惜誓〉中惋惜屈原誓死而不知變計，致其深歎：

> 誼所言者，君子進退之常經。而原以同姓宗臣，且始受懷王非常之寵任，則國勢垂，而欲引身而避患，誠有所不能忍。其悱惻自喻之至性，有非賈生所知者。則〈惜誓〉之言，豈足以曲達幽忠，「匪舌是出」、九死不遷之鬱曲哉？〔註45〕

船山在「彼聖人之神德兮，遠濁世而自藏……」釋文中：「聖人遠屈伸以引用，無道則隱。屈子遠遊之志不終，自投於淵，無救於楚，徒以輕生，誼所爲致惜也。其哀屈子至矣，其爲屈子謀周矣，然以爲知屈子，則未也。」〔註46〕

---

〔註38〕《楚辭通釋》，卷四〈九章〉，《船山全書》第十四冊，頁298。

〔註39〕《楚辭通釋》，卷五〈遠遊〉，《船山全書》第十四冊，頁365。

〔註40〕《楚辭通釋》，卷一〈離騷經〉，釋「願依彭咸之則」，彭咸，殷之賢士，秉貞介，不得志於世，自沈於江。見《船山全書》第十四冊，頁219。船山此釋與王逸同，對於「彭咸」其人其事的解讀不同，必然影響對文本的詮釋，本文以船山理解的屈原爲主。根據林庚著〈彭咸是誰〉質疑彭咸與自沈無關，王逸之注有誤。見《林庚楚辭研究兩種》（北京：清華大學出版社，2006年）。陳世驤順著林庚等人的看法認爲屈原的「願依彭咸之遺則」，是彭咸代表「一道德最完整的到處遊蕩的隱士，是人類孤獨的模範，他的名譽在時光的踩躪中永遠存在」，見陳世驤著，古添洪譯：〈論時：屈賦發微（下）〉，《幼獅月刊》四十五卷三期，1977年3月，頁20。

〔註41〕《薑齋文集》，卷五〈九昭〉《船山全書》第十五冊，頁163。

〔註42〕《楚辭通釋》，卷一〈離騷經〉，《船山全書》第十四冊，頁223。

〔註43〕《薑齋文集》，卷五〈九昭〉《船山全書》第十五冊，頁163。

〔註44〕《楚辭通釋》，卷一〈離騷經〉，《船山全書》第十四冊，頁223。

〔註45〕《楚辭通釋》，卷十一〈惜誓〉，《船山全書》第十四冊，頁429。

〔註46〕《楚辭通釋》，卷十一〈惜誓〉，《船山全書》第十四冊，頁435～436。

船山不以賈誼的「無救於楚」的輕生哀屈原，他以「曠世同情」〔註47〕，深切的體會「自非當屈子之時，抱屈子之心，有君父之隱悲，知求生之非據者，不足以知其死而不亡之深念。」〔註48〕換言之，船山遭逢國變，身「當屈子之時」；存忠貞孤憤，正是「抱屈子之心」；爲國事奔走，終成孤臣孽子，「有君父之隱悲」；終身不敢以隱遯自安，「知求生之非據」；念茲在茲所可爲者乃「貞生死以盡人道」，遙契天道以「知其死而不亡」之正學。他以此「哀屈子」、「知屈子」，故船山以天地一氣，幽明一致的生死觀，褒讚屈原的「貞魂」猶存天地：

> 言沈湘既死之後，魂爽不昧，君蒿絪縕於天地之間，駘蕩自如，離污濁而釋不解之憂。故不忍常愁，而決於一死，乃豫想其浩然之氣，不隨生死爲聚散，而蝹蜦旁礡於兩間者如此。蓋忠貞純一之志氣，與天地合德，鬼神效靈者，可以自信。屈子之貞魂，至今爲烈，豈虛也哉！〔註49〕

在儒者「珍生」〔註50〕的義理氛圍中，君子因爲「生以載義，生可貴；義以立生，生可舍」〔註51〕，由擇義進而集義的道德理想，以成就光明坦蕩人格，參贊天地化育，是生命之所以可貴之處；而當魚與熊掌不能得兼時，必要時捨生以就義，這才是「珍生」的眞諦。而屈原以其「貞魂」感召後來者，詩騷之作光耀歷史長河。在絪縕之中，屈原「忠貞純一之志氣」，是天地間浩然正氣，不隨生死聚散而消逝，「存神而全歸其從生之本體」〔註52〕，與天地合德，通乎幽明，透過船山對屈原的生死抉擇的詮釋，其《正蒙注》的生死思維再次得到印證。

## 第三節　遠遊修性養命之術在安死自靖中的意義

上一節內容著重在船山對於屈原情志的徘徊轉折過程，而船山以道教內丹註解〈離騷〉末段與〈遠遊〉遊僊之說，其中所蘊含的修鍊養生工夫，在

〔註47〕見湘西草堂本，〈張仕可序〉，《楚辭通釋》，《船山全書》第十四冊，頁456。
〔註48〕《楚辭通釋》，卷四〈九章〉〈悲回風〉，第十四冊，頁347。
〔註49〕《楚辭通釋》，卷四〈九章〉〈悲回風〉第十四冊，頁346。
〔註50〕見《周易外傳》，卷二〈臨〉，《船山全書》第一冊，頁869。
〔註51〕見《尚書引義》，卷五〈大誥〉，《船山全書》第二冊，頁363。
〔註52〕見《正蒙注》，卷一〈太和篇〉，《船山全書》第十二冊，頁40。

安死自靖的生死觀中的意義與價值爲何，是本節討論的重點所在。

《楚辭》中的〈遠遊〉，究竟是否是屈原之作，在沒有更確切的史料證明之前，對於與司馬相如〈大人賦〉之語相近而引發作者是誰的討論，本文沿續王逸〔註 53〕、洪興祖（1070～1135 年）〔註 54〕、朱熹〔註 55〕、王船山〔註 56〕、姜亮夫〔註 57〕的看法，認爲〈遠遊〉是屈原的作品。

根據劉毓崧〈王船山先生年譜〉，康熙十年辛亥（1671 年），船山時年五十三歲，「作〈前愚鼓樂夢授鷓鴣天詞〉十首，〈後愚鼓樂譯夢漁家傲詞〉十六首，和〈和青原藥地大師十二時歌〉十二首。編《愚鼓歌》一卷。」〔註 58〕這是確切的煉丹功並有道學著作時期；而欲從文獻中推敲他接觸內丹始於何時，有下列幾種說法：吳明言「先生接觸內丹學說較早，四十五歲所作《遺興詩》、《廣遺興詩》中已有不少丹語，並自稱『一瓠道人』。」〔註 59〕王沐言「《愚鼓樂》二十六首，即中年煉養心得之紀錄。迨至晚年，造詣更深，遂將丹功心得，發揮於《遠遊》注釋之中，而其論證精詳，步驟明析，則實爲發掘古代丹法之功臣。」〔註 60〕柳存仁的看法是「船山開始習做養生導引的功夫，也許是很早的事情，可能四十多歲就已經開始了。他的幾個詩集裡，可以推算出年分的，有不少都用了些道教的術語、名詞。……〈問芋巖疾〉……

〔註 53〕王逸《楚辭章句》：「〈遠遊〉者，屈原之作也。屈原履方直之行，不容於世，上爲讒佞所譖毀，下爲俗人所困極，章皇山澤，無所告訴，乃深惟元一，修執恬漠，思欲濟世，則意中憤然，文采鋪發，遂敘妙思，託配仙人，與俱游戲，周歷天地，無所不到，然猶懷念楚國，思慕舊故，忠信之篤，仁義之厚也。是以君子珍重其志，而瑋其辭焉。」（《楚辭通釋》，卷五〈遠遊〉序，《船山全書》第十四冊，頁 348。

〔註 54〕洪興祖：《楚辭補注》（南京；鳳凰出版社，2007 年），據王逸《楚辭章句》卷帙補注，故洪氏在〈遠遊〉「哀人生之長勤」補注曰「此原憂世之詞」，其示〈遠遊〉作者乃屈原，頁 143。在〈遠遊〉補注上標出〈大人賦〉雷似〈遠遊〉的詞句，應是漢人抄襲屈賦之文。

〔註 55〕朱熹《楚辭集註》：「〈遠遊〉者，屈原之所作也。屈原既放，悲歎之餘，眇觀宇宙，陋世俗之卑狹，悼年壽之不長，於是作爲此篇。」見蔣立甫校點《楚辭集註》，頁 103。

〔註 56〕王船山：「按原此篇（〈遠遊〉）與〈卜居〉、〈漁父〉，皆懷王時作。」（《楚辭通釋》，卷五〈遠遊〉序，《船山全書》第十四冊，頁 348。

〔註 57〕見姜亮夫著：《屈原賦校注》（臺北：華正書局，1974 年）卷五之序言，他一一反駁後人疑〈遠遊〉非屈原之作的理由，考辨詳實，頁 519～523。

〔註 58〕見《船山全書》第十六冊，頁 231。

〔註 59〕見〈《愚鼓詞》注釋（一）〉，《船山學報》1986 年第一期（總第五期）。

〔註 60〕見〈《楚辭・遠遊》試析〉，《船山學報》，1984 年第一期。

四十九歲……」〔註 61〕，從上述的文獻及研究者的考查，一般認爲四十多歲中年時期的船山已開始道教的內丹修煉工夫。〔註 62〕

詮釋離不開詮釋者的學養與視界，正因爲船山有此修煉工夫，才有《楚辭通釋》注〈遠遊〉時全篇以道教內丹的術語作爲修仙遠遊的基調。船山五十三歲著〈愚鼓詞〉，表述個人在煉丹實踐的體會，在六十七歲著《楚辭通釋》，藉由屈原的〈遠遊〉，以系統完整的分析，精詳的闡發內丹功法。因此，船山解釋屈原爲什麼對古丹道養生之術產生興趣？修性養命的精神要旨爲何？黃老遊仙之學，在形體生死與精神歸宿上如何找到它的定位並得以安頓？這些說解注釋，是屈原的心得，其實也是船山的體會與心路寫照。

船山在《楚辭通釋・序例》特別標出〈遠遊〉所釋玄言乃有所本，黃老修鍊之術，在周末時期已盛，並非以後學注前賢，其云：

> 〈遠遊〉極玄言之旨，非〈諾皐〉、〈洞冥〉之怪說也。後世不得志於時者，例如鄭所南、雪菴，類逃於浮屠。未有浮屠之先，逃於長生久視之說，其爲寄焉一也。黃老修鍊之術，當周末而盛，其後魏伯陽、葛長庚、張平叔皆仿彼立言，非有創也。故取後世言玄者鉛汞、龍虎、鍊己、鑄劍、三花、五炁之說以詮之，而不嫌於非古。〔註 63〕

船山這段文字也指出〈遠遊〉不是志怪小說虛擬內容，如〈洞冥記〉〔註 64〕、〈諾皐記〉〔註 65〕一般，此篇是有關古丹道修行的記錄，故其注釋，依據魏伯陽（147～167 年）的《周易參同契》、葛長庚（白玉蟾，1194～？年）《武夷集》等有關道教著作〔註 66〕、張平叔（伯端，983～1082 年）的《悟眞篇》

---

〔註 61〕見〈王船山著《楚辭・遠遊》〉，朱曉海主編：《新古典新義》（臺北：學生書局，2001 年），頁 280。

〔註 62〕有學者把《周易》視爲道教典籍之一，故有：「王船山從事道教典籍研究來看，時間長達四十多年。他二十八歲就在南嶽續夢庵研究《周易》，其道教養生學實踐大致也從此時開始，至作《通釋》有四十年時間」，其推論以船山研《易》爲起點，恐不適宜。見蕭培：〈從《楚辭通釋・遠遊》看內丹發展〉，《中國文化月刊》一三〇期，1980 年 8 月。

〔註 63〕見《楚辭通釋》，《船山全書》第十四冊，頁 208。

〔註 64〕〈洞冥記〉是南北朝時的志怪小說。

〔註 65〕〈諾皐記〉是晚唐段成式撰的《酉陽雜俎》裡的一部分。

〔註 66〕白玉蟾爲南宋道士，本名葛長庚，字如晦，號海瓊子，又號瓊山道人、武夷散人。其著作甚多，生前有《玉隆集》、《上清集》、《武夷集》，後由弟子彭耜纂輯爲《海瓊玉蟾先生文集》、《海瓊問道集》，又有謝顯道等編《海瓊白眞人

所載道教修煉的術語和敘述。而所取道教煉丹術語，其源可上溯黃老修鍊之術。明顯的是以後世東漢、兩宋以後發展的以內丹思想作爲注釋的本源，從船山的「不嫌於非古」自信，必有遠近因素影響。

船山以黃老道教修鍊之術注釋《楚辭・遠遊》並非是首創，在歷代的楚辭注釋者王逸、朱熹都是前行者。王逸《楚辭章句》注中曾經出現《陵陽子明經》兩次〔註 67〕，柳存仁認爲此書與煉外丹有關係〔註 68〕；其使用「元精」、「元氣」亦是宋元丹經常用的術語。朱熹在《楚辭集注・遠遊》之文「因氣變而遂曾舉兮，忽神奔而鬼怪……」明注「《丹經》所謂『服食三載，輕舉遠遊，入火不焦，入水不濡，能存能亡，長樂無憂』者，此也。」〔註 69〕句中的《丹經》即是《周易參同契》的句子〔註 70〕，這與他曾深入研究，並化名鄒訢作了《周易參同契考異》〔註 71〕不無關係。因此，朱熹在〈遠遊〉的前序言「雖曰寓言，然其所設王子之詞，苟能充之，實長生久視之要訣也。」此說，與船山認爲〈遠遊〉除了是屈原孤貞情志的表現外，實蘊藏古丹道長生修鍊術，與日後發展的宋元道教源遠流長。

但船山在取捨道教內容亦有其矩度，所謂「要在求神意精氣之微，而非服食燒煉禱祀及素女淫穢之邪說」〔註 72〕，也就是他摒棄道教的外丹製煉、淫祀與男女雙修採補的觀念，對於以修持和養生爲核心的內丹工夫，視爲「尊生」、「珍生」的功法之一，這與他在《後愚鼓樂》前序〈譯夢十六闋〉所云：

> 三教溝分，至於言功不言道，則一也。〔註 73〕

船山以儒者身分，對於佛老的批評，向來嚴厲，以異教異端視之，但他的學問基底，「以發明正學爲己事」，遍注儒家的重要典籍外，對於佛道的研究亦有專書，誠如次子王敔在〈大行府君行述〉的敘述：

---

語錄》。亦有部分內丹著作託名白玉蟾之作。見《中國道教》第一卷（上海：東方出版中心，1996 年），頁 341。

〔註 67〕見洪興祖補注；卞岐整理《楚辭補注》，頁 146、153。

〔註 68〕見〈王船山著《楚辭・遠遊》〉，朱曉海主編：《新古典新義》，頁 279。

〔註 69〕蔣立甫校點：《楚辭集註》（上海：上海古籍出版社，2001 年），頁 104～105。

〔註 70〕見潘啓明：《周易參同契解讀》（北京：光明日報出版社，2005 年），頁 150。唯「入」火不焦，《參同契》作「跨」火不焦。

〔註 71〕詳細論述參見柳存仁：〈朱熹與參同契〉，鍾彩鈞主編：《國際朱子學會議論文集》下冊（臺北：中研院中國文哲研究所籌備處，1993 年），頁 817～854。

〔註 72〕見《楚辭通釋》，卷五〈遠遊〉序文，《船山全書》第十四冊，頁 348。

〔註 73〕《船山全書》第十三冊，頁 617。

> 尤其於二氏之書，入其藏而探之，所著有《老子衍》、《相宗》、《論贊》，以爲如彼之說，而彼之非自見也。山中著道冠，歌愚鼓。又時藉浮屠往來，以與澹歸大師、補山堂行者、藥地極丸老人、茹蘗和尚。至於守正道以屏邪說，則參伍於濂、洛、關、閩，以闢象山、陽明之謬，斥錢、王、羅、李之妄，作《思問錄內外篇》，明人道以爲實學，欲盡廢古今虛妙之說而返之實。〔註 74〕

從這段文字，我們可以了解到「明人道以爲實學」、「守正道以屏邪說」的船山，不因拒斥佛老而棄其書，反而深入其中寶藏節取可用之方，辨析可取之處，對於有違儒者立身之道則不假通容，故言「三教溝分」而不混同「三教合一」；其次，平生交往的朋友，亦不乏出家僧侶與修道之士〔註 75〕，與這些人物的情誼與論學往來，並不影響船山的儒者身分，藥地極丸老人方以智曾勸他逃禪〔註 76〕，他絲毫不爲所動，而彼此的友情與修持的體驗分享在詩文中留下一段佳話。〔註 77〕

船山以儒家立身修德，存「余欠人間唯一字」〔註 78〕的乞活埋的幽棲身

〔註 74〕《船山全書》第十六冊，頁 73。

〔註 75〕在王敔的這一段引文中，並無修道之士，但在《愚鼓詞》〈前愚鼓樂·夢授鷓鴣天詞十首〉序言中的「篤生翁」：劉培泰字篤生，湘潭人，從南嶽道士李常庚遊，船山禮敬之。見《船山全書》第十三冊，頁 613。柳存仁亦舉一位與船山相交近四十年的朋友唐克峻（欽文），從船山的〈六秩壽言〉一文中有很多的文字都是道教的用語，推出習道家養生之人。見〈王船山著《楚辭·遠遊》〉，朱曉海主編：《新古典新義》，頁 281。

〔註 76〕見《南窗漫記》二十九則「方密之閣學逃禪潔己，受覺浪記莂，主青原，屢招余將有所授，誦『人各有心』之詩以答之；意乃愈迫，書示吉水劉安士，以寓從臾之至。余終不能從，而不忍忘其繾綣，因錄於此：『藥鐺□□（劉毓崧〈王船山先生年譜〉作「茶竈」，《船山全書》第十六冊，頁 230）。一罏煎，霜雪堆頭紙信傳。松葉到春原墮地，竹花再種更參天。縱遊泉石知同好，踏過刀鎗亦偶然。何不翻身行別路，瓠落出沒五湖煙？』」見《船山全書》第十五冊，頁 887。此爲康熙十年（1671 年），船山五十三歲。船山次密之韻，亦述及愚鼓練功的目的不在個人養生作巧，欲留寒梅之春（文化薪火）於野地：「洪罏滴水試烹煎，窮措生涯有火傳。哀雁頻分弦上怨，凍蜂長惜紙中天。知恩不淺難忘此，別調相看更輾然。舊識五湖霜月好，寒梅春在野塘邊。」《船山全書》第十五冊，頁 229～231。

〔註 77〕〈十二時歌和青原藥地大師〉的序言「瓠道人（船山自稱）倚愚鼓而和之，不道未喫藥地藥，便掇開藥囊向一壁也煮。」船山雖未隨藥地大師出家修行，但以在家倚愚鼓修持的經驗和之，交換彼此的心得。見《船山全書》第十三冊，頁 623。

〔註 78〕見〈前愚鼓樂〉序文，《船山全書》第十三冊，頁 613。

世，以其丹功修習的體驗，點出修性養命之術。〈離騷〉後段及〈遠遊〉釋文中，自屈原興發遊僊之志，從古仙人王喬明訓，存神御氣，煉性保命，呈現完整的修煉過程，已有學者深入研析〔註 79〕，本文旨在探討船山《楚辭通釋》藉由釋文中所流露出的生死觀，故暫時略去有關船山使用道教丹道工夫的術語釋義，不細究丹道煉養的歷程。僅就屈原逐步進入忘物忘己的遊僊境界，其懷思摯情一念乍起，面對故國宗族舊鄉的忠愛之性，豈能勉強遏止割捨的角度，以見本末關係。

船山有一段精彩的釋文，表述延命長壽與忠愛性情的抉擇：

> 得修性養命之術，與天爲徒，精光內徹，可以忘物忘己。乃倏爾一念，不忘君國之情，欲禁抑而不能，則生非可樂，和不可久，魂離魄慘，若僕悲馬懷，而遠遊之志頓息。蓋其忠愛之性，植根深固，超然於生死之外，雖復百計捐忘，而終不能遏。即以巫咸之告，於道無損，抑無以平其不已之情，而況比匪姦邪以求容，背去宗邦而外仕，曾足以動其孤貞哉？抑考郭景純不屈於王敦，顏清臣不容於盧杞，皆嘗學仙以求遠於險阻，而其究皆以身殉白刃，則遠遊之旨，固貞士所嘗問津，而既達生死之理，則益不昧其忠孝之心。是知養性立命之旨，非秦皇、漢武所得有事，而君子從容就義，固非慷慨輕生、奮不顧身之氣矜決裂者所得與也。審乎進退者裕而志必伸，原之忠，豈忠而過乎！〔註 80〕

此段文字可以分爲幾個重點：其一、求容妥協、外仕展才、遠遊仙隱皆非忠愛所在；不忘君國之情的一念，才是屈原之所以爲屈原的性情所在，此忠愛之性，超然生死之外，故巫咸所示遠遊的修性養命無法平其不已之情，更何況世俗中名利勸誘，俱無法撼動其「孤貞」人格。其二、船山舉史例中學仙延命以求遠離險阻的郭景純、顏清臣，弔詭的是兩人最後皆以身殉白刃，顯然擇義與學仙衝突時，真能無愧天地、安頓情志的抉擇，顯然是最後的擇義。其三、船山進而指出道家（教）的養性立命之旨，在於「既達生死之理，則益不昧其忠孝之心」，能透視生死之理，無所疑懼，直道而行，審乎進退時必有餘裕，故能「不昧忠孝」從容就義。

〔註 79〕見王沭：〈《楚辭・遠遊》試析〉，《船山學報》，1984 年第一期；柳存仁：〈王船山著《楚辭・遠遊》〉，朱曉海主編：《新古典新義》。

〔註 80〕見《楚辭通釋》，卷一〈離騷經〉，《船山全書》第十四冊，頁 241～242。

由此可知，道教丹功養生包括一切養生術，在船山「珍生擇義」與「既達生死之理，更不昧忠孝之心」的生死態度中，是有本末的關係，節取善用之方，的確可以達到：

「仙術不一，其最近理者，爲煉性保命」。〔註 81〕

正氣，人所受於天之元氣也。元氣之所繇，生於至虛之中，爲萬有之始；函於至靜之中，爲萬動之基；沖和澹泊，乃我生之自得。此亦家所謂先天氣也，守此則長生久視之道存矣。蓋欲庶幾得之，以回枯槁之形，凝儵忽之神，而舒其迫阨之愁也。〔註 82〕

天地之間，一氣而已，亘古今，通天下，出入有無而常存者也。氣化於神，與天合一矣。然僊者既已生而爲人，而欲還於天，故必枉道問執天氣，以歸之於己。乘天之動幾，盜其眞鉛，反顧而自得，《陰符經》所「天地，人之盜」，勿任天地盜己而己盜天，還丹之術盡於此。造化在我，乃以翺翔於四荒六合而不自喪。雷者，陽出地中，陰中之陽，人之天也。故乘其動幾而以襲先天氣母。〔註 83〕

天地之氣可至者，神氣皆可至，而變化在我也。〔註 84〕

修性養命之術，源自天人一氣，身心一體，守先天之氣的煉養理論：「煉精化炁，煉炁化神，煉神化虛」的「三花聚頂」與「耳、眼、舌、鼻四大不動使精、神、魂、魄、意各安其位」的「五炁朝元」〔註 85〕工夫，傳達造化在我、變化在我的養生精神，即所謂的「煉性保命」之術。換言之，「煉性保命」之術的功用，除了可以保健延命長壽外，亦可以回形凝神的舒愁，即船山所自述「曉風殘月，一板一槌，亦自使逍遙自在」〔註 86〕的自得之樂；究其極亦涵養生家的還丹飛天成仙的境界。丹道煉養的功用，對於船山而言，乃以珍生養命實現性天之貴，以性天之貴裕生死之限。然其中亦有本末之分，徒爲延壽惜命而「徇有以私一己」〔註 87〕的煉養態度，則不是船山所謂的修身俟

〔註 81〕見《楚辭通釋》，卷五〈遠遊〉，《船山全書》第十四冊，頁 352。
〔註 82〕見《楚辭通釋》，卷五〈遠遊〉，《船山全書》第十四冊，頁 350。
〔註 83〕見《楚辭通釋》，卷五〈遠遊〉，《船山全書》第十四冊，頁 364。
〔註 84〕同上註。
〔註 85〕見柳存仁著：〈王船山著《楚辭．遠遊》〉，朱曉海主編：《新古典新義》，頁 264。
〔註 86〕見《後愚鼓樂》，〈譯夢十六闋．序文〉，《船山全書》第十三冊，頁 617。
〔註 87〕見《正蒙注》，卷一〈太和篇〉，《船山全書》第十二冊，頁 44。

命之道。〔註 88〕

## 結　語

綜合上述所論，船山處天崩地坼的時代，青壯期的出生入死爲國事奔走到幽志棲隱的著述時期，歷憂患處生死的經驗，與屈原潔芳人格處困蹇時勢的選擇，藉由《楚辭通釋》抒發屈原孤貞忠憤的作品，共同譜出生命的二重奏。面對屈原生命的一串抉擇：承擔投入、貶謫出走的不捨君國；尊生自愛、愛身全道的養生俟命到最後的持志自沈的孤忠，船山以曠世同調之情，流露在他的釋文中，寄懷之深，特別動人。本文以平行對比的方式，從《楚辭通釋》切入船山的生死觀，並試著比較船山對於道教煉養的理論在生死態度中的分位，得其結論如下：

（一）船山秉持珍生擇義集義的道德理想，安頓有限的形軀，認爲忠貞純一的志氣，長存天地間，故以此褒讚屈原之「貞魂」，表現出安死自靖，貞魂長存的生死觀。

（二）道教煉性保命的養生之術，節取有方，亦是保健珍生之道，貞士既達生死之理，益不昧忠孝之心；即透達生死之理，原在實踐忠孝之道，以成就德性之芳，性天之貴。換言之，遠遊修性養命之術在安死自靖中的意義，乃以珍生養命實現性天之貴，以性天之貴裕生死之限。

〔註 88〕船山在《禮記章句》，卷六〈月令〉針對不同節令的養生之方提出所以然的道理：「耆欲節則陽不耗、陰不盛、心氣不交於腎而不蕩矣。……此節所言與養生家之說有相近者，君子以修身俟命節取之可也；然亦止此而已矣，過此以往，則爲魏伯陽、張平叔之邪說矣。」《船山全書》第四冊，頁 406。

# 第七章　王船山生死觀與其義理體系的呼應探析

## 前　言

自第二章到第六章分別探析王船山在其著作中——《詩廣傳》、《禮記章句》、《正蒙注》、《莊子解》及《楚辭通釋》中的內容，透顯船山隨文衍義或注解釋義中的生死觀。因此每一章節所呈現的船山生死觀，是船山個人作爲詮釋者，經由注疏與詮釋，記錄了船山與原典文本生死對話過程。

筆者在論述過程中，自覺的在每一部著作中，選擇最核心的旨意作爲章節的題目，並以此展開詮釋。每一章節好比寶石的切面，在每一個切面上，試著掘發船山生死觀不同的光彩與面相。在詮釋的向度上，依船山本懷與著作特點，採取不同的進路，例如：船山《莊子解》生死觀以別儒道之分，故取其異辨析；《禮記章句》以傳承儒家之躬行義，故取其同。

換言之，每一部著作的生死觀，是一個切面，是一個「端體」（是存有的部分展現），而每一個端體都源自船山參贊天地所形成的義理體系（是存有諸向度的展開），此存有根源的「本體」，是生死本體，與每一部著作的生死觀之「端體」是連續性的存在，一而二，二而一的互函關係，端體與本體之間互爲一體，並無軒輊；而當其綜攝爲一體時，不僅構建完整的船山生死觀，同時也彰顯了船山的義理體系。

因此本章節建立在第二章到第六章分述的基礎上，以綜攝方式呈現船山的生死觀特色，並由此生死觀以見船山集大成的義理體系。

# 第一節　王船山生死觀特色

## 一、傳承並深化儒家生死觀

當我們提到何謂「儒家生死學」時，透過《論語》中的語句脈絡，詮解孔子對生死鬼神喪祭禮的態度，建構儒家生死觀的核心觀念〔註1〕；或者以先秦儒家經典（如：《孟子、荀子、易經、中庸等》），衍繹綜括儒家的生死智慧〔註2〕；推動生死學不遺餘力，並帶動生死學研究風潮的傅偉勳，對於宋明理學家生死態度與探究，提出以下看法：

> 我們從上面（略去）引用的張載數語不難窺見，宋明理學家們已有跳過孔子談生不談死的偏差〔註3〕，而並談生死的傾向，且更有逐漸建立一種新儒家生死學（the Neo-Confucian learning of and death）的思維趨勢。〔註4〕

的確，宋明理學家在建構儒家本體宇宙論時以其健動實有的特質，欲與佛道

〔註1〕例如：林安梧〈「儒家生死學」的一些省察——以《論語》爲核心的展開〉，《輔仁宗教研究》第三期，2001年6月或見其書《儒學轉向——從「新儒學」到「後新儒學」的過渡》（臺北：臺灣學生書局，2006年），頁247～281；或傅佩榮：〈解析孔子對生死與鬼神的看法〉（中國哲學會編輯，沈清松主編：《末世與希望》第二章，臺北：五南圖書出版公司，1999年）。

〔註2〕例如：王邦雄〈談生死〉（見《世道——生命的學問十講》（臺北：立緒文化事業公司，1997年），頁56～82，引用《論語》、《孟子》、《易經》作爲儒家生死觀的義理闡述。

〔註3〕筆者對此斷語，以「偏差」的價值用語，持保留態度。或言中國人避諱談論生死，與孔子「未知生，焉知死？」的應答態度有關。面對孔子以遮撥方式回答子路的方式，我想引用雅士培論及孔子對極限體認的一段話，作爲省思「偏差」的參考：「弟子問他關於死亡、人性與世界秩序時，他的答案總是讓問題本身保持開放；這並不是因爲他故作神秘（他無事不可對弟子言），而是因爲這種事情本身只能這樣回答。人們往往出自錯誤的動機（像好奇，或者想要曲解當下需要或避開人生之途），而去探問終極問題。孔子並非不想滿足這一類的欲望，只是這些事情實在無法客觀討論，甚至無法作爲客觀的對象。正因此故，孔子對於形上學問題從不提出任何直接的答案。雖然這種態度可能被人視爲「不可知論」，但是它所顯示並非對於不可知者漠不關心，而是一種深刻的敬意——不願輕易將內在證驗轉化爲僞知或流於口舌之爭。孔子在各種情況下對於無限者與不可知者，都很少顯露偉大形上學家的探究衝動；但是我們從他對禮儀虔誠奉守以及他在關鍵時刻所精闢表達的人生之道，可以清楚看出他對於人生終向的體認是眞切的。」見傅佩榮譯：《四大聖哲》（臺北：業強出版社，1998年），頁113～114。

〔註4〕見《死亡的尊嚴與生命的尊嚴》（臺北：正中書局，1993年），頁163。

相抗衡，對於天人、生死、物我關係的釐定，體用本末與參贊位育的豐富對話與批判，較之先秦儒家的內容，多了義理展開的歷程與發展的脈絡。

在討論儒家生死觀時，《論語》中經常被提起討論的一則，若對孔子（儒家）義理的掌握不夠精準，在詮釋上容易誤解遮撥的反問，當成是孔子避談事鬼神與死亡的問題、否定子路者的問題：

> 季路問事鬼神。子曰：「未能事人，焉能事鬼？」「敢問死。」曰：「未知生，焉知死？」（《論語・先進第十一》）

若依船山在《四書訓義》（已下簡稱《訓義》）中的闡釋與與《讀四書大全說》（已下簡稱《大全說》）對事人與事鬼、知生與知死的精闢闡論合著看，更可見船山作為思想家的創造詮釋與自信。傅氏言「孔子談生不談死」的「偏差」，其「偏差」二字經由船山的義理詮釋，因為「生」的深化與「命日降，性日生」性命的新詮，一轉為「知生而知死」、「事人而事鬼」的深義，何曾「偏差」？

而從船山的疏釋與義理的展開過程中，亦建構了船山傳承與深化儒家生死思維的架構。以下僅就船山四書系統闡釋〈季路問事鬼神〉與前面第二至第六章的研究成果綜攝船山在儒家生死觀方面的傳承與深化。分為理氣觀、性命觀、禮儀觀、性情觀與終極觀的面向述之。若第二章至第六章的內容已致詮義的部分則約略簡述。

### （一）物我一原、幽明往來的理氣觀

船山由物我一原出於天道氣化流行，其聚散變化言幽明顯隱始終，不以見聞有無以論生死問題，故言：

> 幽者，人之所不見不聞耳，而不見不聞之中未嘗無也，則自昭著於兩間，而人特以不知置之，而謂之幽。明者，人之所自謂見之聞之者也，而可見可聞之理，實多所不察也，則固莫明其分際，而人特以苟且應之，而謂之明。苟以心而體之，幽者非隱，而明者未易盡矣。其始也，天以大全者受之生，非僅一身之知視知聽，能持能行，別有挾以宅虛者之為終。苟於理而順之，終者終其始，而始者始其終，無殊致矣。〔註5〕

幽明始終的視域，不以人有限的經驗感官見聞作為判斷之理，「苟以心而體

〔註5〕見《四書訓義・論語先進篇》卷十五，《船山全書》第七冊，頁646。

之，幽者非隱，而明者未易盡矣。」有關始終的義涵與下一節性命觀並論。就幽明往來顯隱論人之存沒，船山云：

> 人之沒也，形陰於土，氣散於空，而神志之返於漠者，寓於兩間之氣以不喪其理，故從其情志所專壹者而以情志通之，則理同而類應。蓋唯孝子慈孫本自祖考而來，則感召以其所本合之氣而自通，此皆理氣之固然……。〔註6〕

由於「寓於兩間之氣以不喪其理」的理氣觀，故生者與亡者之情志可以感召通致，此間必以氣化流行，合幽明爲一的宇宙全體的精神貫注其中，故能「存事沒寧，死而全歸太虛本體」〔註7〕，此義在船山《易》學、《正蒙注》已多方討論，於此不再細述。

### （二）繼善成性、日生日成的性命觀

唐君毅自思想史發展的脈絡云：

> 王船山生於明末，不滿於陽明之思想，而重回到橫渠之說。此蓋原於王學之徒，或不免株守一良知之孤明，未能本之以觀天地之大，萬物之眾，以應歷史之變，人事之繁。……然在當時，則實際上王學之徒之樂簡易者，確有徒守一良知之孤明，以爲自逸自肆之計者。此即船山所以於陽明之學，加以深惡痛絕，而有其「希張橫渠之正學」，重氣化流行之論，以教人即氣見道，即器見理，而大此心之量之論也。船山之言氣化之流行，不只從自然宇宙之變言，乃擴之爲一觀人事歷史之變之思想。氣化之流行，往來不窮，由此而命無前定，性非限於初生。故船山有命日降、性日生之說。〔註8〕

船山鑑於陽明之徒樂簡易守良知孤明之學，忽略世道歷史人事的學問，對於人間的參與與承擔，不免有減煞逃避的趨向，最後流向逸肆之途。雖然陽明成德之教、講學風氣的推擴與事功的建立，並非單單株守良知之學而已。但由人弊上溯到法弊之源由，船山對於陽明及王學的嚴厲批評，蓋立於歷史反省而來的判斷。因此船山歸宗橫渠之正學，重氣化流行，「即氣見道，即器見理」，因此在人性論上，強調「由此而命無前定，性非限於初生」。其性命觀是一個發展歷程的進行式，而非前定的「命」與初生的「性」，因此唐君毅點

---

〔註6〕見〈祭義〉，《禮記章句》卷二十四，《船山全書》第四冊，頁1103。

〔註7〕義涵闡述見本文第四章第三節。

〔註8〕見《中國哲學原論——導論篇》（臺北：臺灣學生書局，1984年），頁603。

出「船山命日降、性日生」的觀點，在思想史上針砭王學的歷史意義。

船山由天命爲性，率性爲道的性命觀言：

> 人之所爲無非天，命之所受斯爲性，乃以不昧於生之所以存。則以之知死，而可以不愧於天、可以不失其性。(《訓義》)〔註 9〕

在《大全說》，船山更進一步展開其對死生終始的探討，並道出繼善成性、日生日成的性命發展觀下的「生」之精義，故言：

> 要以未死以前統謂之生，刻刻皆生氣，刻刻皆生理；雖綿連不絕，不可爲端，而細求其生，則無刻不有肇造之朕。若守定初生之一日之時刻，說此爲生，則一受之成型，而終古不易，以形言之，更不須養，以德言之，更不待修矣。(《大全說》)〔註 10〕

所謂形養德修就在每日的生長與修養中，臨死之前一刻亦是「生」，亦函生氣、生理的工夫，刻刻有所始，刻刻有所成，刻刻有所終，船山在解「始終」二字與性命觀息息相關：

> 凡自未有而有者皆謂之始，而其成也，則皆謂之終。既生以後，刻刻有所成，則刻刻有所終；刻刻有所生於未有，則刻刻有所始。故曰曾子易簀，亦始也，而非終也。反諸其所成之理，以原其所生之道，則全而生之者，必全而歸之；而欲畢其生之事者，必先善其成之之功：此所謂知生而知死矣。(《大全說》)〔註 11〕

船山對於始終二字作了一個精要的詮義，並鄭重其事的言「謂之」〔註 12〕，透過船山系統內的意義辨析「始終」之意，在時間視域中的「始」與「終」，就不再是一般義的詞語，其界義「始」爲「自未有而有」;「終」爲「有所成」

〔註 9〕見《四書訓義・論語先進篇》卷十五，《船山全書》第七冊，頁 647。

〔註 10〕見《讀四書大全說・論語先進篇》卷六，《船山全書》第六冊，頁 751。

〔註 11〕見《讀四書大全說・論語先進篇》卷六，《船山全書》第六冊，頁 752。

〔註 12〕船山曾就「之謂」與「謂之」加以辨析。其言：曰「性」、曰「道」、曰「教」，有質而成章者也。曰「天命」、曰「率性」、曰「修道」，則事致於虛而未有其名實者也。溯其有質成章者於致虛之際，以知其所自來，故曰「之謂」。曰「自誠明」，有其實理矣；曰「自明誠」，有其實事矣。「性」，爲功於天者也；「教」，爲功於人者也。因其實而知其所以爲功，故曰「謂之」。……命外無性，性外無道，道外無教，故曰「之謂」，彼固然而我授之名也。誠明皆性，亦皆教也。……特其相因之際，有繼、有存、有通、有復，則且於彼固然無分之地而可爲之分，故曰「謂之」，我爲之名而辨之著也。見《讀四書大全說・中庸第二十一章》卷三，《船山全書》第六冊，頁 536～537。案：「謂之」的意義在於它不是出於對象本身的區分，而是人爲的分際和命名。

的「終成」之意，而非終結、死終之意。其云：

> 「始終」字，自不可作「生死」字看。……言死生則兼乎氣，言始終則但言其理而已。……原始反終而知死生之說，則死生所指有定，而終始所包者廣矣。愚於此，竊疑先儒說死生處都有病在。以聖人之言而體驗之於身心形色之閒，則有不然者。今且可說死只是一死，而必不可云生只是一次生。生既非一次生，則始亦非一日始矣。（《大全說》）〔註13〕

> 以理言之，天下止有生而無所謂死，到不生處便喚作死耳。……生既非死之始，又不可爲生之始，則「始終」二字，當自有義，斷不可以初生之一日爲始，正死之一日爲終也。（《大全說》）〔註14〕

> 到曾子易簀時，也只是謹始，更不可謂之慎終。（《大全說》）〔註15〕

從上述船山再三提醒「生」非誕生之日之「初生」，因此以初生爲生之始，正死爲終，實則窄化既生之後，命日降、性日生推故致新的生養習成之意。因此，「夫子正告子路，謂當於未死之前，正生之日，即境現在，反求諸己」（《大全說》）〔註16〕，因此「反諸其所成之理，以原其所生之道，則全而生之者，必全而歸之」，在船山的原「始」之義，即是「原其所生之道」，在有限的身命中，「全而生之」；而其反「終」強調的是「反諸其所成之理」的「全而歸之」，其「全生」之踐履與「全歸」之道成的進展與歷程，即所謂「知生而知死」的修養工夫。這才是繼善成性，日生日成的性命觀所蘊含的精義。

### （三）報本反始、生死盡禮的禮儀觀

船山言孝親事人，死生一致，無存歿之別，其云：

> 夫能事人者，非徒修事人之文也；視之於無形，聽之於無聲，而乃以得當於所事之人，則以思事鬼，而愾乎其有聲、僾乎有形者，皆吾心之敬愛而思成之也。若其未也，則所尊者未能尊，而尊非其尊；所親者未能親，而親非其親；將鬼亦非其鬼，而何能事之哉？尊親敬愛，吾心爲之，而不憂鬼之無可依也。（《訓義》）〔註17〕

〔註13〕見《讀四書大全說・論語先進篇》卷六，《船山全書》第六冊，頁750。
〔註14〕見《讀四書大全說・論語先進篇》卷六，《船山全書》第六冊，頁751。
〔註15〕同上註。
〔註16〕見《讀四書大全說・論語先進篇》卷六，《船山全書》第六冊，頁752。
〔註17〕見《四書訓義・論語先進篇》卷十五，《船山全書》第七冊，頁647。

船山特別彰顯事人與事鬼神之情志相通，不分存亡生歿，皆由「吾心之敬愛而思成之也」，若未能秉持「尊親敬愛」報本反始與生死盡禮的態度，致意鬼神，則「所尊者未能尊，而尊非其尊；所親者未能親，而親非其親；將鬼亦非其鬼，而何能事之哉？」而人文喪祭禮對於生者與死者的一體關懷，從抒發哀思到繼志述事，從孝親到饗親，從斷裂關係的喪禮到接續新存關係的祭禮，孝子終身敬慕父母，存沒一致，繼志述事，不忝所生；饗親不絕，孝道不匱，通於神明，全歸盡天，此乃報本反始、生死盡禮之極致。

### （四）廣心餘情、裕於死生之際的性情觀

船山言性情，正視情感存在的正反面能量，性體藏密力微，情則力盛幾速，性隱情顯，因此船山肯認情在踐德中之效用，因此而言循情而可以定性。從天人繼紹、心物相值相取的工夫根源中，瞭解情的性質與功用，遂能廣心餘情以裕德，能正本清源以治情，故生命暢達無隱匿，故能坦然面對死生之際。導情為善，以文節情，盪滌浥滯之情，將負面的欲情能量轉向正面，並以廣心餘情的心量，不毗於憂樂，不失悲愉亦不陷悲愉，從容應物，不受死生命限所困，自能裕於死生之際。

### （五）貞生安死、能移以相天的終極觀

船山言貞生死以盡人道，乃在「知生之命」、「知生之性」、「知生之氣」（《大全說》）〔註18〕，又云：

> 《書》曰「惠迪吉，從逆凶」，與《孟子》「順受其正」之說，相爲表裏。「莫非命也」，則天無時無地而不命於人，故無時無地不當順受，無時無地不以惠迪得吉、從逆得凶。若靠定初生一日，則只有贏頭一命，向後更無命矣，而何以云「莫非命也」哉？（《大全說》）〔註19〕

知命受命、存神盡性、全生全歸的終極思想，船山生死觀不在求個體的解脫，而由天道陰陽屈伸到性命相貫，建立存有與價值之源，凸顯「能移以相天」的參贊化育，建立生命的意義與價值，同時成就人文化成的理想，實現人我、人物、人與一切天地鬼神萬物之間整體和諧的目的。

## 二、批判釋氏「分段生死」與道家（教）養生家之「養形」觀

〔註18〕見《讀四書大全說·論語先進篇》卷六，《船山全書》第六冊，頁752。
〔註19〕同上註。

船山以「幽明無二理」，批判釋氏分段生死的輪迴觀，對於死此生彼的假合觀，提出諍言，反對蹈空言幻，故言：

佛老之初，皆立體而廢用。用既廢，則體亦無實。故其既也，體不立而一因乎用，莊生所謂「寓諸庸」，釋氏所謂「行起解滅」是也。君子不廢用以立體，則致曲有誠。誠立而用自行。逮其用也，左右逢原而皆其眞體。〔註20〕

君子以眞體立用，致曲有誠，以實事實理成就命日新性富有之德業，非佛老之廢用無爲，因緣假合，形色如浮塵，無法成就歷史文化價値，此乃船山所言「用既廢，則體無實也。」〔註21〕

船山在《周易外傳》解〈無妄〉時，天道無妄針砭釋老之病，尤爲警策，其言：

故賤形必賤情，賤情必賤生，賤生必賤仁義，賤仁義必離生，離生必謂无爲眞而謂生爲妄，而二氏之邪說昌矣。若夫有爲胚胎，有爲流盪，有爲灌注，有爲衰滅者，情之量也。生不可苟榮，而死不可致賤。不可致賤，則疾不可強而爲藥。強爲藥者，忘其所當盡之量而求之於无益，豈不悖與！單豹藥之於外，張毅藥之於內，老氏藥之於腠理之推移，釋氏藥之於无形之罔兩。故始於愛生，中於患生，卒於无生。……夫治妄以眞，則治无妄者必以妄矣。治眞以妄，據妄爲眞；竊據爲眞，愈詭於妄。逮其末流，於是而有彼家鑪火之事，而有唄咒觀想之術，則硇礜雜投，不可復詰。彼始爲其說者，亦惡知患死相緣，患生作俑，其邪妄之一至於此哉！是故聖人盡人道而合天德。合天德者，健以存生之理；近人道者，動以順生之幾。百年一心，戰戰慄慄，踐其眞而未逮，又何敢以此爲妄而輕試之藥也哉！故曰：「先王以茂對時，育萬物」，蓋言生而有也。〔註22〕

---

〔註20〕見《思問錄內篇》，《船山全書》第十二冊，頁417。

〔註21〕船山批釋老之語，相當多，此小段僅言與生死觀相關的部分討論。有關船山批佛之論參見陳郁夫：〈王船山對禪佛的闢評〉（《師大學報》三十二期，1987年6月），其內容分爲七項對比儒佛之別：以「實有」斥佛家「空妄」；以「生動」破佛家「寂滅」；以「理一分殊」、「形色天性」斥佛家「二本無分」、「賤形貴性」；據「理欲同行」而責佛家「離欲言理」；以「貞生死」斥佛家「重生死」；辨「道心人心」以斥佛家「離性言心」；重「學思」以斥佛家「不學不思」。

〔註22〕見〈無妄〉，《周易內傳》卷二，《船山全書》第一冊，頁889～890。

船山從釋氏「以生爲妄」、老氏「以無爲眞」的賤形賤情，交互「患死」與「患生」之藥引，導致「據妄爲眞」，最後「卒於無生」的歷程，明確的點出釋老在生死觀念的歧出〔註23〕，因爲患死之情遂有道家（教）養生家發展養「形」延生術「固命以自私」的作爲；或釋氏以「生死事大」，存「空無」之妄以離「生」，以致「滅性以遠害」〔註24〕。船山鄭重道出「人知哀死而不必患死。哀以延天地之生，患以廢天地之化。」因此，面對在生死態度上，「健以存生之理」，「動以順生之幾」，由推故致新的天道之化，循眞踐眞，百年一心，實事實理，死亦生之大造，死不足患矣。〔註25〕

## 三、吸納消化衆家之長的生死觀

船山生死觀除了上述特點外，從另一面角度言，船山的生死觀及生活踐行的記錄，他吸收消化眾家之長，表現在知、情、意上的生死思維與實踐上，既有根源確立的核心思維，亦有融會、揀擇、吸納的圓融與包容性。約要有三：

其一，吸收孔孟性命仁禮思想與《易》學的天人、道器、幽明、乾坤等義理綱維，珍生立命，個體之生死消融到大我群體的生命長河中，個體生命如滴水化入宇宙歷史長河之際，其存在何曾僅限於身命的短暫？船山以儒家的剛健不息的精神面對生死，只見「生」的命題，不懼斥「生之終」（死），由《易經》氣化日新、幽明往來與孔孟性命思想建立生死觀的內核，以達到個體與群體之圓善。

其二，廣心餘情，裕於死生之際的修養工夫與從文化活體形成的喪祭禮

〔註23〕此語乃順船山語脈分析，若以今日學術觀點或教化意義欲分判儒釋道學術之別與價值高下，必得預立客觀判準行之；或落在實存的主體予以指點，不同的義理體系吾人不妨兩行並存，船山立足儒家性命仁禮之道，以主客觀圓滿爲判準，故釋老不免虛歉不足。

〔註24〕在〈繫辭上傳第七章〉，船山言「大哉！聖人之用《易》也，擇其精，因其中，合其妙，分以劑之，會以通之，人存而天地存，性存而位存，析乎其有餘也，融乎其相得也，斯則以爲『存存』也。玄者之竊《易》曰：『存存者，長生久視之樞也。』釋者之竊《易》曰：『存存者，不生不滅之眞也。』夫百聖存之而如一聖人，一聖人存之而正萬愚不肖，要以設人位而貞天地之生。彼之固命以自私，滅性以遠害者」，此義補足相近義，見《周易外傳》卷五，《船山全書》第一冊，頁1013。

〔註25〕此段內容，見〈無妄〉，《周易內傳》卷二，《船山全書》第一冊，頁 888～890。

儀，汲取人文教化的詩禮樂，導情為善，幽明感通，具是抒發生命情志與釋懷哀思的重要途徑，以此超越個人生死困限。

其三，落實到形軀有限性上，其達生養身方面，船山佐以《莊》學凝神養生工夫與道教丹道性命之功，達到保健延命與回形舒愁的逍遙自得。

## 第二節　生死觀展現船山集大成的義理體系

船山遍注群書的宏大心量與表現思路，彰顯在歷史文化上的意義，牟宗三禮讚：

> 他那綜合的心量，貫通的智慧，心性理氣才情一起表現的思路，落在歷史上，正好用得著。因為人之踐履而為歷史，也是心，也是性，也是氣，也是情，一起俱在歷史發展中釐然呈現……故其豐富的思想，在純義理上不甚顯眉目，而一落在具體的歷史上，則分際釐然劃清，條理整然不濫，立場卓然不移。由其遍注群書，見其心量之廣。由其心量之廣，見其悲慧上下與天地同流，直通于古往今來之大生命而為一。〔註26〕

其實，這正是古來真儒集大成的圓融表現，不僅程朱陸王所建立的原理都可以納入其義理體系，亦可吸納儒家之外的釋老丹道功法以見「泛濫百家，歸宗六經」或「出入佛老、折中孔子」的學思歷程。而船山佛道著作、詩學建構與鑑評、史學著述，都展現他博厚高明的心量與本末通貫、兩端而一致的詮釋與實踐精神。

在第一章緒論時，曾說明船山生死觀與義理體系乃本末通貫、體用互函的關係，從生死觀可以探析船山的義理體系；從船山的義理體系亦可以直探船山的生死觀。而本研究則以前者為主。最後，僅就船山生死觀與其義理體系之簡圖，表詮二者相貫之義涵。

〔註26〕見牟宗三：〈黑格爾與王船山〉，《生命的學問》（臺北：三民書局，1984年）。

圖一：王船山生死觀與其義理體系呼應之簡圖

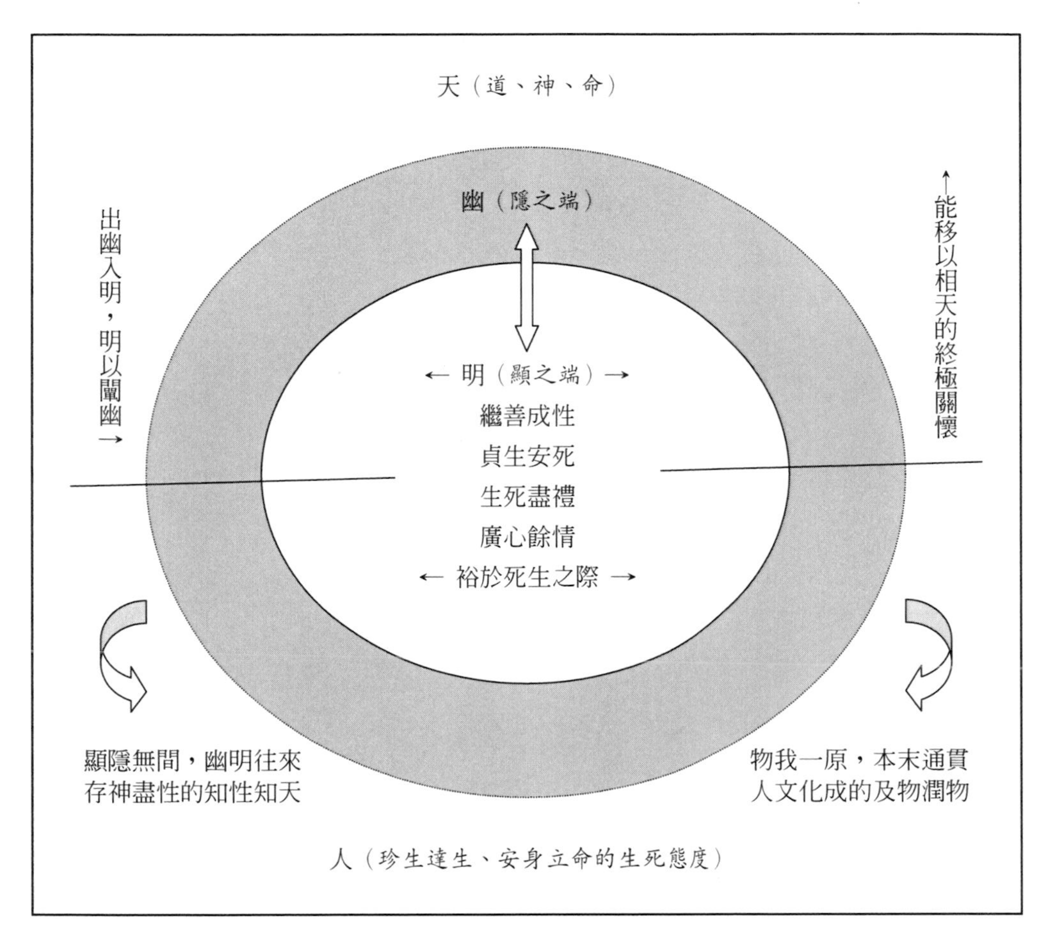


說明：

1. 以圓示，表「太極一渾天之全體」，宇宙乃合幽明氣化的實有之場域，以幽（灰圓）與明（白圓）示之，「幽」亦可表明船山之「天之天」，「明」爲「人之天」，故前者大於後者，其圓外廓以虛線示之，表虛涵無邊之意。後者圓廓以實線示之，乃人經由踐行而成的生命實境與人文理想所在。
2. 生死幽明兩端，互函互滲；而兩端可以發展爲一致的實踐動力乃在生之端，即明以闡幽，故人可以透過珍生達生、安身立命的生死態度，以能移以相天的終極關懷，達致安死自靖，貞魂恆存的生命價值。
3. 分解的言說，可以依踐仁的實踐面，天人之際的修養著重在存神盡性，以知性知天；就履禮的實踐面，緣仁制禮，體天用物，創造文化活體，落實人文化成的理想。就存在面的實踐而言，仁禮實乃綜攝爲一體，互函互攝的呈現。

# 結　語

本章主要綜攝第二至第六章的不同著作的研究成果，建構並歸納船山全面生死觀的特色與其義理體系的呼應關係，即此生死觀所蘊涵義理體系並見船山思想精義。

在船山生死觀方面可區分三大特色：

## 一、在傳承與深化儒家生死觀方面

船山重氣化的天道思想，呈現重存在之流行、肯定理寓器中的理氣觀；通天人之際，在於存神盡性，繼善成性，日生日成，習與性成的性命觀；達情裕德的性情論，是面對生死失落之道的良方；自生命根源的天地乾坤與祖宗親族根脈相連的關係，船山彰顯報本反始、生死盡禮的人文與宗教精神；歸結到船山在生死關懷的議題上，貞生死以盡人道爲生死觀之核心，以期達至能移以相天的終極觀。

## 二、在批判佛道的生死觀方面

船山物我一原、幽明一致的氣化觀，批判釋氏「分段生死」的輪迴觀；對於道家（教）養生家之「養形」觀，固命以自私，據妄爲眞的偏頗，提出針砭。

## 三、吸納消化眾家之長的生死觀方面

吸收孔孟性命仁禮思想與《易》學的氣化日新，幽明往來，建立生死觀的內核，以達到個體與群體的圓善；汲取人文教化的詩禮樂，導情爲善，幽明感通，具是情志抒發與釋懷哀思的途徑；落實到形軀有限性上，船山佐以《莊》學凝神達生的工夫與道教丹道性命之功，達到保健延命與回形舒愁的逍遙自得。

從上述船山生死觀三大特色的探析中：在傳承與深化儒家生死觀、批判佛道的生死觀與吸納消化眾家之長的生死觀的同時，亦充分的展現船山集大成的義理體系，已然涉及到船山學在天人、道器、理氣、乾坤、幽明、性命、群己、人我、物我、本末、體用、顯隱、兩端而一致等議題，故以圖示說明，由船山生死觀契入並呼應其義理體系。

# 第八章　結　論

今人論及生死學，常集中在最後的臨終照顧、瀕臨死亡之際的探索，以個體生命最後一程的生命品質爲關注點。醫療救治有時而盡，而人終必一死，能由醫療（cure）轉到關懷照顧（care）的發展上，亦是推動生死教育的功效。生死學學者鄭曉江特別強調以「生死互滲」作爲建構生死觀的核心，使人們明白「生」中有「死」、「死」中有新「生」的觀念，透悟生死的本質，獲得生死的大智慧，從而能夠坦然而平靜地走向死亡。〔註 1〕

若依船山生死觀的義理而言，生死幽明兩端，兩端發展爲一致的互函互滲的實踐動力，乃在生之端，即明以闡幽的過程，「以理言之，天下止有生而無所謂死，……未死以前統謂之生，刻刻皆生氣，刻刻皆生理」〔註 2〕，即令是死前旦夕危急，只要一口氣活著的那一刻，面對「生」命的存在之氣，必函「生」命之道理與作爲，無所虛歉、坦然一切。蓋生命的本質是生生不息，日生日成。眞正的儒著，繼善成性、其生其成，就在每一刻、每一處活著的工夫上安頓生命感情，圓成人我、物我的道德理想。船山此義對於現代人的在生死學上傾斜於「死亡學」，「詳於言死，略於言生」〔註 3〕，而船山生死觀的義涵，特別彰顯生死智慧之「生」的深刻內容，頗値得今人借鏡。以下總結各章研究成果，並就未來研究建議兩部分作結。

---

〔註 1〕參見鄭曉江著《超越生死》（臺北：正中書局，1999 年），頁 188。

〔註 2〕見《讀四書大全說・論語》卷六，《船山全書》第六冊，頁 751。

〔註 3〕此語本是船山批評莊、佛之語，在此借用對比生死學過於強調「死亡」的這一面向。此語出處見《讀四書大全說・論語》卷六，《船山全書》第六冊，頁 750。

# 第一節　研究成果

生死觀在船山學研究的領域雖不是主軸，本論文試著凸顯船山在生死方面的關懷與相關論述，以呈現船山全面生死觀的不同面相：包含理氣觀、性命觀、禮儀觀、性情觀、終極觀的義理思考，其生死觀不僅是個體的生死態度，亦涵蓋船山整個義理體系。由分疏船山生死相關著作到綜攝生死觀特色與義理體系的呼應，結論如下：

## 一、生死工夫的根源

源自健動生生不息的本體宇宙觀，人生天地間，面對廣宇悠宙，歷史文化、家國天下，是世界的參贊者也是詮釋者。船山的終極關懷，強調通天人之際，幽明往來，死生一致，以成日新富有德業。其釋張載「大其心，則能體天下之物，物有未體，則心爲有外。」其云：

> 大其心，非故擴之使遊於荒遠也；天下之物相感而可通者，吾心皆有其理，惟意欲蔽之則小爾。繇其法象，推其神化，達之於萬物一源之本，則所以知明處當者，條理無不見矣。天下之物皆用也，吾心之理其體也；盡心以循之而不達，則體立而用自無窮。〔註4〕

船山以立吾心之體，盡大心之用與達萬物一源之本，知明處當，此條理自見，故能存神盡性、相天裁物，此乃平日修養工夫所在。若進一步追問船山生死修養工夫的重點爲何？二者實無差別，因繼善成性的工夫，必奠基於平日的義理之安，由貞生安死之「裕」，圓成於吾之終（死生之際），任重而道遠，死而後已。有關生死觀與義理體系的呼應關係，請見下頁圖二、王船山「天道無妄、死生一致」的生死觀與其義理體系的呼應關係。

## 二、生死工夫的實踐

### （一）本源工夫

以儒家天道性命工夫爲主，知命、立命與俟命的修養，學以致道，平其氣，欣於有得，和樂而久大，其釋釋橫渠「和樂，道之端乎」云：

> 和者於物不逆，樂者於心不厭。端，所自出之始也。道本人物之同得而得我心之悅者，故君子學以致道，必平其氣，而欣於有得，乃可與適道；若操一求勝於物之心而視爲苦難，則早與道離矣。……

〔註4〕見〈大心篇〉，《正蒙注》卷四，《船山全書》第十二冊，頁143。

> 非和樂，則誠敬局隘而易於厭倦，故能和能樂，爲誠敬所自出之端。〔註5〕

本源工夫不能只是意志勉力的苦迫之行，「非和樂，則誠敬局隘而易於厭倦，故能和能樂，爲誠敬所自出之端」，此義乃孔子學不厭、教不倦終身不懈之本源；處生死憂患在於「如素」之道，廣心餘情，心函氣守，能函尋常之同情，亦能函驟變之孤行，故能素履如常。

**圖二：王船山「天道無妄、死生一致」的生死觀與其義理體系的呼應關係**

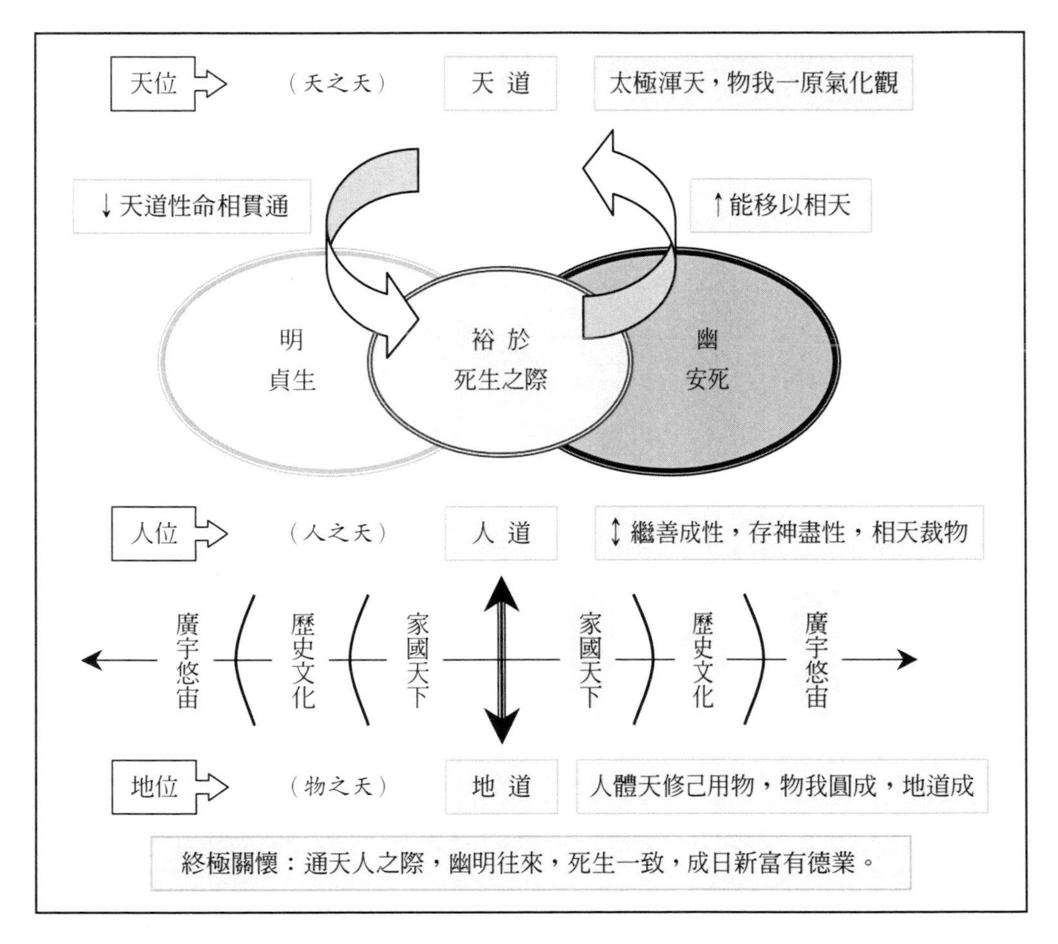


### （二）煉養工夫

佐以道家道教保健煉養工夫，不在長生久視、養形延壽，而是以正命態度，珍生達生、安身立命，以期實現生命的意義與價值。

〔註5〕見〈誠明篇〉，《正蒙注》卷三，《船山全書》第十二冊，頁136。

（三）達情工夫

哀死乃人情之眞，患死則妄。面對生死的情意安頓在於達情裕德，使情不過（淫情）、不藏（匿情）、不假（襲情）。

## 第二節　未來研究建議

由於時間因素，未能獨立成章完成船山在《易》學、《尚書引義》、《四書》中的生死觀，頗感遺憾。最後僅能以精義散入相關中討論。因此，有關船山道器及性日生命日成的人性論只能點到爲止。在個人學力與論理思辨的展開上，敘述性的陳述多於概念的辨析，此不足之處，當於日後充實。

在未來研究建議上，首先，筆者認爲以今日時空思考生死觀，不妨以莊子「兩行」的智慧，卸除船山源自時代特殊氛圍的闢佛老、辨夷夏的文化之防，回歸生命主體本源的角度省思船山的生死觀。船山不從宗教的永生、輪迴、靈魂不滅的角度談彼岸的世界，其由知解的理性態度、情意的感受、意志的踐行體認探析生死幽明往來之道，以祭祀之詩樂禮傳達幽明溝通之道：

> 禮莫大於天，天莫親於祭，祭莫效於樂，樂者著於《詩》。《詩》以興樂，樂以徹幽，《詩》者，幽明之際者也。……能知幽明之際，大樂盈而《詩》教顯者，顯矣，況其能效者乎？效之於幽明之際，入幽而不慚，出明而不叛，幽其明而明不倚器，明其幽而幽不棲鬼，此《詩》與樂之無盡藏者也。〔註6〕

生者以詩樂禮等之虔誠敬意，致情於亡者，所謂「入幽而不慚，出明而不叛」，與亡者之精神與祈願，透過詩樂祭禮之旦暮相遇，洋洋乎如在其上，如在其左右，故「明其幽而幽不棲鬼」。船山言詩樂祭禮的深遠義涵，以其所以徹通生死幽明之道，特別彰顯「《詩》以興樂，樂以徹幽，《詩》者，幽明之際者也。」這是在報本反始、生死盡禮的生死觀上，還可以再進一步的探索與詮釋。

船山言詩、言樂在其視域中必有遠大於今日以文學藝術角度看待詩樂，此中不純然是理性之辨析或純粹感性的授受，必以虔敬感通爲交發之基，在《詩廣傳》中的〈大雅〉與〈周頌〉發揮之義甚多，由生死祭祀禮樂中，引申《詩》與樂在船山心中何以能效達幽明之際，在這裡可以看出船山學在道心與文心交會的密藏之語，可以作爲未來研究後續的發展。

---

〔註6〕見〈論昊天有成命〉，《詩廣傳・周頌》卷五，《船山全書》第三冊，頁485～486。

# 重要參考書目

說明：

1. 本論文書目分爲三項：

 其一，船山學及其相關研究書目。

 其二，生死學相關研究書目。

 其三，王船山與生死觀（生死學、終極關懷等）書目。

2. 古籍書目依朝代先後次序排列，現代專著等資料依姓氏筆劃排序。

3. 書目年代一律採用西元年代著錄。

## 一、船山學及其相關研究

### （一）船山著作：原典及後人箋注本


1. 明・王夫之著、船山全書編輯委員會編校：《船山全書》，長沙：岳麓書社，1988 年。

 第一冊：《船山全書序例》、《周易内傳》、《周易稗疏》、《總目》、《周易大象解》、《周易外傳》。

 第二冊：《尚書稗疏》、《尚書引義》。

 第三冊：《詩經稗疏》、《詩廣傳》。

 第四冊：《禮記章句》。

 第五冊：《春秋稗疏》、《春秋家說》、《春秋世論》、《續春秋左氏傳博議》。

 第六冊：《四書稗疏》、《四書考異》、《四書箋解》、《讀四書大全說》。

 第七冊：《四書訓義》（上）。

 第八冊：《四書訓義》（下）。

 第九冊：《說文廣義》。

第十冊：《讀通鑑論》。

第十一冊：《宋論》、《籜史》、《永曆實錄》、《蓮峰志》。

第十二冊：《張子正蒙注》、《俟解》、《噩夢》、《搔首問》、《思問錄》、《黃書》、《識小錄》、《龍源夜話》。

第十三冊：《老子衍》、《莊子通》、《愚鼓詞》、《莊子解》、《相宗絡索》、《船山經義》。

第十四冊：《楚辭通釋》、《唐詩評選》、《古詩評選》、《明詩評選》。

第十五冊：《薑齋文集》、《薑齋詞集》、《龍舟會雜劇》、《薑齋詩集》、《薑齋詩話》、《詩文拾遺》。

第十六冊：《傳記》、《年譜》、《雜錄》、《船山全書編輯紀事》。

2. 陳玉森、陳憲猷：《周易外傳鏡詮》，北京：中華書局，2000 年。
3. 彭靖等：《王船山詩詞編年箋注》，長沙：岳麓書社，2004 年。
4. 戴鴻森注：《薑齋詩話箋注》，臺北：木鐸出版社，1982 年。

### （二）古籍文獻（含校注箋疏考證）

1. 漢・司馬遷著；瀧川龜太郎考證：《史記會注考證》，臺北：洪氏出版社，1982 年。
2. 五代・劉昫：《舊唐書》，臺北：鼎文書局，1992 年。
3. 宋・張載：《張載集》，臺北：漢京文化事業公司，1983 年。
4. 宋・朱熹：《四書章句集注》，上海：上海古籍出版社，2001 年。
5. 宋・朱熹撰；蔣立甫校點：《楚辭集註》，上海：上海古籍出版社，2001 年。
6. 宋・洪興祖補注；卞岐整理：《楚辭補注》，南京：鳳凰出版社，2007 年。
7. 清・王先謙：《莊子集解》，臺北：三民書局，1985 年。
8. 清・郭慶藩輯：《莊子集釋》，臺北：漢京文化事業有限公司，1983 年。
9. 顧頡剛、劉起釪：《尚書校釋譯論》（全四冊），北京：中華書局，2005 年。
10. 陳子展：《詩經直解》，上海：復旦大學出版社，1993 年。
11. 姜亮夫：《屈原賦校注》，臺北：華正書局，1974 年。
12. 余嘉錫：《世說新語箋疏》，臺北：華正書局，1989 年。
13. 潘啓明：《周易參同契解讀》，北京：光明日報出版社，2005 年。

### （三）船山學專著

1. 吳立民、徐蓀銘：《船山佛道思想研究》，長沙：湖南出版社，1992 年。

2. 吳海慶：《船山美學思想研究》，河南：河南人民出版社，2004 年。
3. 汪學群：《王夫之易學——以清初學術爲視角》，北京：社會科學文獻出版社，2002 年。
4. 周兵：《天人之際的理學新詮釋——王夫之《讀四書大全說》思想研究》，四川：巴蜀書社，2006 年 12 月
5. 季蒙：《主思的理學——王夫之的四書學思想》，廣東：廣東高等教育出版社，2005 年 12 月
6. 林安梧：《王船山人性史哲學之研究》，臺北：東大圖書公司，1991 年。
7. 胡發貴：《王夫之與中國文化》，貴州：貴州人民出版社，2000 年。
8. 崔海峰：《王夫之詩學範疇論》，北京：中國社會科學出版社，2006 年。
9. 張立文：《船山哲學》，臺北：七略出版社，2000 年。
10. 張立文：《正學與開新——王船山哲學思想》，北京：人民出版社，2001 年。
11. 張西堂：《船山學譜》，見蕭天石編，《船山學術研究集》，臺北：自由出版社，1973 年。
12. 張西堂：《明王船山先生夫之年表》，臺北：臺灣商務，1978 年。
13. 許冠三：《王船山的致知論》，香港：中文大學，1981 年。
14. 陳來：《詮釋與重建——王船山的哲學精神》，北京：北京大學出版社，2004 年。
15. 陳贇：《回歸眞實的存在——王船山哲學的闡釋》，上海：復旦大學出版社，2002 年。
16. 陳遠寧：《中國古代易學發展第三個圓圈的終結——船山易學思想研究》，長沙：湖南大學，2002 年。
17. 陶水平：《船山詩學研究》，北京：中國社會科學出版社，2001 年。
18. 章啓輝：《曠世大儒——王夫之》，河北：河北人民出版社，2001 年。
19. 嵇文甫：《王船山學術論叢》，臺北：谷風出版社，1987 年。
20. 曾春海：《王船山易學闡微》，臺北：嘉新水泥公司文化基金會，1978 年。
21. 曾昭旭：《王船山哲學》，臺北：遠景出版事業公司，1983 年。
22. 湖南省與湖北省哲學社會科學學會聯合會合編：《王船山學術討論集》，北京：中華書局，1965 年。
23. 湖南省社會科學院、湖南省哲學社會科學學會聯合會、湖南省船山學社編：《王船山學術思想討論集》，長沙：湖南人民出版社，1985 年。
24. 楊松年：《王夫之詩論研究》，臺北：文史哲出版社，1986 年。

25. 輔仁大學：《王船山學術研討會論文集》，北縣：輔仁大學，1993年。
26. 劉志盛、劉萍：《王船山著作叢考》，湖南：人民出版社，1999年。
27. 劉春運：《王夫之學行繫年》，河南：中州古籍，1989年。
28. 劉梁劍：《天．人．際：對王船山的形而上學闡明》，上海：上海人民出版社，2007年
29. 鄧輝：《王船山歷史哲學研究》，湖南：岳麓書社出版社，2004年。
30. 蕭馳：《抒情傳統與中國思想——王夫之詩學發微》，上海：上海古籍出版社，2003年。
31. 蕭天石：《船山學術研究集》，臺北：中國船山學會，1973年。
32. 蕭萐父（編）：《王夫之辯證法思想引論》，武漢：湖北人民出版社，1984年。
33. 蕭萐父：《船山哲學引論》，江西：江西人民出版社，1993年。
34. 蕭萐父、許蘇民：《王夫之評傳》，江蘇：南京大學出版社，2002年。
35. 蕭漢明：《船山易學研究》，北京：華夏出版社，1987年。
36. 羅光：《王船山形上學思想》，臺北：輔仁大學出版社，1993年。

### （四）船山學及其相關學位論文

1. 王季香：《王船山格物致知論》，高雄師範大學國文研究所碩士論文，1986年。
2. 吳龍川：《王船山乾坤並建理論研究》，臺灣師範大學國文研究所博士論文，2005年。
3. 周芳敏：《王船山「體用相涵」思想之義蘊及其開展》，臺北：國立政治大學中文研究所博士論文，2005年。
4. 林文彬：《王船山莊子解研究》，臺灣師範大學國文研究所碩士論文，1985年，見《師大國文研究所集刊》第三十一號，1986年。
5. 林文彬：《船山易學研究》，臺灣師範大學國文研究所博士論文，1994年。
6. 林碧玲：《王船山之禮學》，政治大學中文研究所碩士論文，1986年。
7. 施盈佑：《王船山莊子學研究——論「神」的意義》，靜宜大學中國文學系碩士論文，2006年。
8. 施輝煌：《王船山四書學之研究》，中山大學中文研究所博士論文，2007年。
9. 袁愈宗：《《詩廣傳》詩學思想研究》，山東師範大學博士論文，2006年。
10. 康自強：《王船山周易系譜學研究》，臺灣師範大學國文研究所碩士論文，2006年。

11. 張靜婷：《王船山《尚書引義》政治實踐問題之研究》，中央大學中文研究所碩士論文，2000 年。
12. 莊凱雯：《王船山《讀四書大全說》研究——由心性論到知人之學》，東海大學中文研究所碩士論文，2003 年。
13. 陳啓文：《王船山「兩端而一致」之思維的辯證性及其開展》。臺灣師範大學國文研究所博士論文，2006 年。
14. 陳章錫：《王船山詩廣傳義理疏解》，臺灣師範大學國文研究所碩士論文，刊載於《臺師大國文研究所集刊》三十號，1986 年。
15. 陳章錫：《王船山禮學研究——以兩端一致論爲研究進路》，文化大學哲學研究所博士論文，2001 年。
16. 劉榮賢：《王船山張子正蒙注研究》，東海大學中文研究所碩士論文，1983 年。
17. 戴景賢：《王船山之道器論》，臺灣大學中文研究所博士論文，1982 年。
18. 謝明陽：《明遺民的莊子定位論題》，臺灣大學中文研究所博士論文，2000 年。

### （五）船山學單篇論文

1. 王沐：〈《楚辭・遠遊》試析〉，《船山學報》，1984 年第一期。
2. 田素蘭：〈王船山《楚辭通釋》述評〉，《國文學報》十七期，1988 年 6 月。
3. 朱喆：〈船山宗教哲學思想述評〉，《宗教哲學》八卷一期，二十七期，2002 年。
4. 吳明：〈《愚鼓詞》注釋（一）〉，《船山學報》總第五期，1986 年第一期。
5. 吳明：〈《愚鼓詞》注釋（二）〉，《船山學報》總第六期，1986 年第二期。
6. 吳明：〈《愚鼓詞》注釋（三）〉，《船山學報》總第七期，1987 年第一期。
7. 吳明：〈《愚鼓詞》注釋（四）〉，《船山學報》總第九期，1987 年第二期。
8. 吳明：〈《愚鼓詞》注釋（五）〉，《船山學報》總第十期，1988 年第一期。
9. 吳明：〈《愚鼓詞》注釋（續完）〉，《船山學報》總第十二期，1988 年第二期。
10. 周建忠：〈王夫之《楚辭通釋》及研究〉，《船山學刊》，2004 年第四期。
11. 林文彬：〈王船山援莊入儒論〉，《興大人文學報》第三十四期，2004 年 6 月。
12. 林潤宣：〈論王夫之的《楚辭通釋》〉說法相近，《荊州師範學院》，2002 年第六期，社會科學版。
13. 施盈佑：〈船山莊學之研究：探析「凝神」之飽滿義涵〉，《人文學報》第三十期，2006 年 12 月。
14. 柳存仁：〈王船山著《楚辭・遠遊》〉，朱曉海主編《新古典新義》，臺北：學生書局，2001 年。
15. 唐亦男：〈王夫之通解莊子「兩行」說及其現代意義〉，《鵝湖月刊》第三十卷第九期，2005 年 3 月，頁 22～27。
16. 孫世民：〈王船山幽明觀研究〉，《孔孟月刊》第八十三期，2005 年 9 月。
17. 徐蓀銘：〈王船山《愚鼓辭》中的哲學思想〉，《船山學報》總第五期，1986 年第一期。
18. 張輝：〈現代中國的王夫之——被追認的大儒〉，《現代中國》第三輯，《湖北教育出版社》，2002 年 10 月。
19. 陳郁夫：〈王船山對禪佛的闢評〉，《師大學報》三十二期，1987 年 6 月。
20. 陳祺助：〈王船山論情、才的意義及其善惡問題之研究〉，《鵝湖月刊》第二十八卷第一期，總號第三二五期，2002 年 7 月。
21. 陳祺助：〈王船山論陰陽與太極的關係〉，《哲學與文化》第二十九卷第八期，2002 年 8 月。
22. 章啓輝：〈船山禮學的時代精神〉，《船山學刊》，2001 年第一期。
23. 曾也魯：〈王船山與《離騷》〉，《衡陽師範學院學報》，2000 年第五期。
24. 曾玲先：〈王船山《詩廣傳》文化感及其他〉，《衡陽師範學院學報》，2001 年四期。
25. 曾慧思：〈王夫之《楚辭通釋・離騷經》研究〉，《文學論衡》總第三期，2003 年 9 月。
26. 黃忠慎：〈王夫之《詩經》學新探〉，《國文學誌》第八期，2004 年 6 月。
27. 楊自平：〈王船山《周易內傳》解經作法析論〉，《鵝湖學誌》第三十九期，2007 年 12 月。
28. 董金裕：〈王船山與張橫渠思想之異同〉，《哲學與文化》第二十卷第九期，1993 年 9 月，頁 883～893。
29. 趙沛霖：〈打破傳統研究模式的《詩經》學著作——讀王夫之《詩廣傳》〉，《求索》，1996 年第三期。
30. 劉笑敢：〈莊子之苦樂觀及其啓示〉，《漢學研究》第二十三卷第一期，2005 年 6 月，頁 107～129。
31. 蕭培：〈從《楚辭通釋・遠遊》看內丹發展〉，《中國文化月刊》一三〇期，1980 年 8 月。
32. 譚明冉：〈莊子、王夫之逍遙觀之異同〉，《哲學與文化》三十二卷十期（總三七七期），2005 年 10 月。

33. 嚴壽澂：〈「兩行」與治道——讀王船山《莊子解》〉，《上海行政學院學報》第五卷第一期，2004 年 1 月。

### （六）相關論述專書

1. 丁爲祥：《虛氣相即——張載哲學體系及其定位》，北京：人民出版社，2000 年。
2. 戈國龍：《道教內丹學溯源》，北京：宗教文化出版社，2004 年。
3. 王邦雄：《中國哲學論集》，臺北：學生書局，1983 年。
4. 王邦雄：《儒道之間》，臺北：漢光文化有限公司，1989 年。
5. 王邦雄：《二十一世紀的儒道》，臺北：立緒文化事業公司，1999 年。
6. 王叔岷：《莊學管闚》，臺北：藝文印書館，1978 年。
7. 朱伯崑：《易學哲學史》共四卷，北京：華夏出版社，1995 年。
8. 朱建民：《張載思想研究》，臺北：文津出版社，1989 年。
9. 牟宗三：《政道與治道》，臺北：臺灣學生書局，1970 年。
10. 牟宗三：《生命的學問》，臺北：三民書局，1984 年。
11. 牟宗三：《才性與玄理》，臺北：臺灣學生書局，1985 年。
12. 牟宗三：《圓善論》，臺北：臺灣學生書局，1985 年。
13. 牟宗三：《康德的道德哲學》，臺北：臺灣學生書局，1992 年。
14. 牟宗三：《智的直覺與中國哲學》，臺北：臺灣商務印書館，1993 年。
15. 牟宗三：《人文講習錄》，臺北：臺灣學生書局，1996 年。
16. 牟宗三：《中西哲學之會通十四講》，臺北：臺灣學生書局，1996 年。
17. 牟宗三：《現象與物自身》，臺北：臺灣學生書局，1996 年。
18. 牟宗三：《四因說演講錄》，臺北：鵝湖出版社，1997 年。
19. 牟宗三：《中國哲學的特質》，臺北：臺灣學生書局，1998 年。
20. 牟宗三：《周易哲學演講錄》，臺北：聯經出版社，2003 年。
21. 余英時：《歷史與思想》，臺北：聯經出版社，1990 年。
22. 余英時：《中國知識階層史論．古代篇》，臺北：聯經出版社，2001 年。
23. 余英時：《朱熹的歷史世界》，臺北：允晨出版社，2003 年。
24. 余英時：《朱熹的歷史世界》，北京：三聯，2004 年。
25. 余英時：《宋明理學與政治文化》，臺北：允晨文化，2004 年。
26. 李明輝編：《儒家經典詮釋方法》，臺北：喜瑪拉雅基金會，2003 年。
27. 沈清松：《現代哲學論衡》，臺北：黎明，1985 年。
28. 周何：《古禮今談》，臺北：國文天地雜誌社，1992 年。

29. 周裕鍇：《中國古代闡釋學研究》，上海：上海人民出版社，2003 年。
30. 林庚：《林庚楚辭研究兩種》，北京：清華大學出版社，2006 年。
31. 林存陽：《清初三禮學》，北京：社會科學文獻出版社，2002 年。
32. 林安梧：《存有．意識與實踐——熊十力體用哲學之詮釋與重建》，臺北：東大圖書，1993 年。
33. 林安梧：《中國近現代思想觀念史論》，臺北：臺灣學生書局，1995 年。
34. 林安梧：《論語——走向生活世界的儒學》，臺北：明文書局，1995 年。
35. 林安梧：《儒學與中國傳統社會之哲學省察》，臺北：東大圖書，1996 年。
36. 林安梧：《儒學革命論》，臺北：臺灣學生書局，1998 年。
37. 林安梧：《人文學方法論——詮釋的存有學探源》，臺北：讀冊文化，2003 年。
38. 林安梧：《儒學轉向：從「新儒學」到「後新儒學」的過渡》，臺北：臺灣學生書局，2006 年。
39. 林聰舜：《向郭莊學之研究》，臺北：文史哲出版社，1981 年。
40. 胡孚琛、呂錫琛：《道學通論——道家、道教、丹道》，北京：社會科學文獻出版社，2004 年。
41. 胡楚生：《清代學術史研究》，臺北：臺灣學生書局，1993 年。
42. 卿希泰編：《中國道教》（一～四卷），上海：東方出版中心，1996 年。
43. 唐君毅：《中國哲學原論：原性篇》，臺北：臺灣學生書局，1984 年。
44. 唐君毅：《中國哲學原論：原教篇》，臺北：臺灣學生書局，1984 年。
45. 唐君毅：《中國哲學原論：原道篇》卷一，臺北：臺灣學生書局，1984 年。
46. 唐君毅：《中國哲學原論：原道篇》卷二，臺北：臺灣學生書局，1984 年。
47. 唐君毅：《中國哲學原論：原道篇》卷三，臺北：臺灣學生書局，1984 年。
48. 唐君毅：《中國哲學原論：導論篇》，臺北：臺灣學生書局，1984 年。
49. 唐君毅：《中國文化之精神價值》，臺北：正中書局，1997 年。
50. 徐復觀：《中國人性論史先秦篇》，臺北：臺灣商務印書館，1969 年。
51. 徐復觀：《中國藝術精神》，臺北：臺灣學生書局，1998 年。
52. 高柏園：《莊子內七篇思想研究》，臺北：文津出版社，2000 年。
53. 崔大華：《莊子歧解》，河南：中州古籍出版社，1988 年。
54. 崔大華：《莊學研究》，北京：人民出版社，1992 年。

55. 張亨：《思文之際論集——儒道思想的現代詮釋》，臺北：允晨文化實業股份有限公司，1997年。
56. 張大可等：《史記研究集成》，北京：華文出版社，2005年。
57. 張學智：《明代哲學史》，北京：北京大學出版社，2003年。
58. 張默生：《莊子新釋》，臺北：洪氏出版社，1989年。
59. 張麗珠：《清代的新義理學——傳統與現代的交會》，臺北：里仁書局，2005年。
60. 張麗珠：《清代的義理學轉型》，臺北：里仁書局，2006年。
61. 曹受坤：《莊子哲學》，見佚名編《莊子研究論集新編》，臺北：木鐸出版社，1988年。
62. 陳祺助：《王船山「陰陽理論」之詮釋》，高雄：高雄復文圖書出版社，2003年。
63. 陳鼓應：《莊子今註今譯》，臺北：臺灣商務印書館，1994年。
64. 陳榮捷：《王陽明傳習錄詳註集評》，臺北：臺灣學生書局，1983年。
65. 彭國祥：《儒家傳統——宗教與人文主義之間》，北京：北京大學出版社，2007年1月
66. 曾昭旭：《道德與道德實踐》，臺北：漢光文化事業股份有限公司，1983年。
67. 曾昭旭：《在說與不說之間——中國義理學之思維與實踐》，臺北：漢光文化事業股份有限公司，1992年。
68. 曾昭旭：《存在感與歷史感：論儒學的實踐面相》，臺北：臺灣商務印書館，2003年。
69. 曾昭旭：《良心教與人文教：論儒學的宗教面相》，臺北：商務印書館，2003年。
70. 曾昭旭：《儒家傳統與現代生活：論儒學的文化面相》，臺北：商務印書館，2003年。
71. 曾振宇：《中國氣論哲學研究》，山東：山東大學出版社，2003年。
72. 湯用彤等：《魏晉思想甲編五種》，臺北：里仁書局，1984年。
73. 雅斯培著；傅佩榮譯：《四大聖哲》，臺北：業強出版社，1998年。
74. 黃俊傑編：《中國經典詮釋傳統——通論篇》，臺北：喜馬拉雅基金會，2001年。
75. 黃錦鋐：《新譯莊子讀本》，臺北：三民書局，1977年。
76. 楊儒賓：《中國古代思想中的氣論及身體觀》，臺北：正中書局，1997年。
77. 楊儒賓：《儒家身體觀》，臺北：中央研究院文哲所籌備處，1999年。

78. 楊儒賓、祝平次（編）：《儒學的氣論與工夫論》，臺北：臺大出版中心，2005 年。
79. 楊國榮：《莊子的思想世界》，北京：北京大學出版社，2006 年。
80. 葉嘉瑩：《迦陵談詩二集》，臺北：東大圖書公司，1985 年。
81. 趙沛霖：《現代學術文化思潮與詩經研究——二十世紀詩經研究史》，北京：學苑出版社，2006 年。
82. 劉笑敢：《莊子哲學及其演變》，北京：中國社會科學出版社，1988 年。
83. 蔡英俊：《比興物色與情景交融》，臺北：大安出版社，1986 年。
84. 盧國龍：《道教哲學》，北京：華夏出版社，2007 年。
85. 蕭漢明、郭東升：《周易參同契研究》，上海：上海文化出版社，2001 年。
86. 錢穆：《莊子纂箋》，臺北：三民書局，1993 年。
87. 錢穆：《靈魂與心》，桂林：廣西師範大學出版社，2004 年。
88. 羅聯添編：《中國文學史論文選集》，臺北：學生書局，1978 年。
89. 嚴壽澂：《近世中國學術通變論叢》，臺北：國立編譯館，2003 年。

## （七）相關單篇論文

1. 林安梧：〈《存有三態論》諸向度的展開——關於後新儒學的「心性論、本體論、詮釋學、教養論與政治學」〉，《鵝湖月刊》第三十一卷第五期，總號三六五，2005 年 11 月
2. 柳存仁：〈朱熹與參同契〉，見鍾彩鈞主編《國際朱子學會議論文集》下冊，臺北：中研院中國文哲研究所籌備處，1993 年。
3. 徐聖心：〈眞人不夢與莊周夢蝶——《莊子》「夢」的義蘊初探〉，《中國文學研究》，1991 年第五期。
4. 陳寅恪：〈論韓愈〉，見《金明館叢稿初編》，北京：三聯書店，2001 年。
5. 陳章錫：〈論《禮記‧禮運》的政教文化觀——以人情爲核心的考察〉，《揭諦》第九期，2005 年 7 月。
6. 傅武光：〈《莊子》「遊」的哲學〉，《中國學術年刊》，1996 年第十七期。
7. 楊儒賓：〈向郭莊子注的適性說與向郭支道林對於逍遙義的爭辯〉，《史學評論》第九期，1985 年 1 月。
8. 楊儒賓：〈離體遠遊與永恆的回歸——屈原作品反應出的思想型態〉，《國立編譯館館刊》第二十二卷第一期，1993 年 6 月。
9. 楊儒賓：〈《易經》與理學的分派〉，見洪漢鼎主編《中國詮釋學》第二輯，濟南：山東人民出版社，2004 年 12 月。

## 二、生死學相關研究

### (一) 專 書

1. David Carroll 著；陳芳智節譯：《生死大事——如何幫助所愛的人走完人生旅程》，臺北：遠流出版事業有限公司，1999 年
2. 王玲月：《憨山大師的生死觀》，臺北：文津出版社有限公司，2005 年 11 月。
3. 伊麗莎白・庫伯勒・羅斯著；李永平譯：《天使走過人間——生與死的回憶》，臺北：天下遠見出版有限公司，1998 年。
4. 伊麗莎白・庫伯勒・羅斯、大衛・凱斯樂著；張美惠譯：《當綠葉緩緩落下——生死學大師的最後對話》，臺北：張老師文化事業股份有限公司，2006 年。
5. 余英時、侯旭東（譯）：《東漢生死觀》，上海：上海古籍出版社，2005 年 9 月。
6. 余德慧、石佳儀：《生死學十四講》，臺北：心靈工坊文化事業股份有限公司，2003 年。
7. 李黎：《悲懷書簡》，臺北：爾雅出版社，1990 年。
8. 李霞：《生死智慧——道家生命觀》，北京：人民出版社，2004 年。
9. 林素英：《古代生命禮儀中的生死觀——以《禮記》爲主的現代詮釋》，臺北：文津出版社，1997 年。
10. 林綺雲等：《生死學》，臺北：洪葉文化事業有限公司，2000 年。
11. 肯恩・威爾伯著；胡因夢、劉清彥譯：《恩寵與勇氣》，張老師出版社，1998 年。
12. 紐則誠、趙可式、文郁編著：《生死學》，臺北：國立空中大學，2005 年。
13. 尉遲淦等：《生死學概論》，臺北：五南圖書出版公司，2000 年。
14. 許爾文・努蘭著；楊慕華譯：《死亡的臉》，臺北：時報文化出版公司，1995 年。
15. 郭于華：《死的困惑與生的執著》，臺北：洪葉文化事業有限公司，1994 年。
16. 陳戰國、強昱：《生死超越——中國傳統文化中的生死智慧》，開封：河南大學出版社，2003 年。
17. 傅偉勳：《死亡的尊嚴與生命的尊嚴》，臺北：正中書局，1993 年。
18. 凱博文、陳新綠（譯）：《談病說痛——人類的受苦經驗與痊癒之道》，臺北：桂冠圖書股份有限公司，1997 年。

19. 喬治·賴爾、蔡昌雄（譯）：《臨終諮商的藝術》，臺北：心靈工坊文化事業股份有限公司，2007年。
20. 靳鳳林：《死，而後生——死亡現象學視國中的生存倫理》，北京：人民出版社，2005年。
21. 趙可式：《安寧伴行》，臺北：天下遠見出版股份有限公司，2007年。
22. 趙可式：《醫師與生死》，臺北：寶瓶文化事業有限公司，2007年。
23. 蔡瑞霖：《宗教哲學與生死學——一種對比哲學觀點的嘗試》，嘉義：南華管理學院，1999年。
24. 鄭志明：《佛教生死學》，臺北：文津出版社有限公司，2006年。
25. 鄭志明：《道教生死學》，臺北：文津出版社有限公司，2006年。
26. 鄭曉江：《中國死亡智慧》，臺北：東大，1994年。
27. 鄭曉江：《超越死亡》，臺北：正中書局，1999年。
28. 鄭曉江：《穿透死亡》，臺北：華杏出版股份有限公司，2001年。
29. 鄭曉江（編）：《宗教生死書》，臺北：華成出版股份有限公司，2004年。
30. 鄭曉江：《中國生命學——中華賢哲之生死智慧》，臺北：揚智文化事業股份有限公司，2005年。
31. 鄭曉江、紐則誠編：《解讀生死》，北京：社會科學文獻出版社，2005年。
32. 鄭曉江：《生死學》，臺北：揚智文化事業股份有限公司，2006年。

### （二）單篇論文

1. 朱伯崑：〈莊學生死觀的特徵及其影響——兼論道家生死觀的演變過程〉，《道家文化研究》第四輯，上海：上海古籍出版社，1994年，頁63～76。
2. 余德慧：〈生死唯心，自在善終〉，《張老師月刊》二五九期，1999年7月，頁122～127。
3. 余德慧、石世明、夏淑怡：〈探討癌末處境「聖世界」的形成〉，載《生死學研究》第三輯，嘉義：南華大學生死學系，2006年1月。
4. 吳錦勳：〈「若痛苦不幸發生，我們要與它共存——走出妻子罹病低潮的哈佛權威精神科醫師〉，《商業周刊》一〇四四期，2007年11月26日～12月2日，頁96、98。
5. 李玲珠：〈生死困境的超越——哲學與文學雙映的生死教育〉，《高醫通識教育學報·創刊號》，2006年7月。
6. 林安梧：〈「儒家生死學」的一些省察——以《論語》爲核心的展開〉，《輔仁宗教研究》第三期，2001年6月。

7. 姜允明：〈從王陽明在龍場「爲石墎」談明儒的生死觀〉，《哲學年刊》第十期，1994 年 6 月。
8. 傅佩榮：〈解析孔子對生死與鬼神的看法〉，中國哲學會編輯，沈清松主編《末世與希望》，臺北：五南圖書出版公司，1999 年。
9. 傅偉勳：〈論人文社會科學的科際整合探索理念暨理路〉，《佛光學刊創刊號》，1996 年。
10. 福田殖著；連清吉譯：〈朱熹的死生觀〉，鍾彩鈞主編《國際朱子學會議論文集》，臺北：中央研究院中國文哲研究所籌備處出版，1993 年。
11. 鄭志明：〈《周易》六十四卦的生死關懷〉（上），《鵝湖月刊》三八八期，2007 年 10 月。
12. 鄭志明：〈《周易》六十四卦的生死關懷〉（下），《鵝湖月刊》三八九期，2007 年 11 月。

## 三、王船山與生死觀（生死學、終極關懷等）

1. 朱理鴻：〈論王船山的生死觀及其現代價值〉，《懷化學院學報》第二十六卷第六期，2007 年 6 月。
2. 李維武：〈王夫之論「生」與「死」〉，見蕭萐父（編）：《王夫之辯證法思想引論》，武漢：湖北人民出版社，1984 年，頁 141～161。
3. 陳來：〈王船山《正蒙注》的終極關懷〉資料來源《中國思想史研究通訊》第四輯，由網路取得，網址爲 http://www.philosophydoor.com/Guoxue/1424.html，查詢日：2007 年 9 月 11 日。
4. 楊雄：〈貞生死以盡人道——王船山對張載「存順沒寧」生死觀的繼承與發展〉，《船山學刊》，2006 年第四期（復總第六十二期）。
5. 鄭曉江：〈論王船山的生死哲學〉，《孔孟月刊》四十二卷三期，總四九五期，2003 年 11 月。此文後收入作者的《中國生命學——中華賢哲之生死智慧》，臺北：揚智文化，2005 年。篇名改爲〈王船山之生死智慧〉。

# 附錄一　全國博碩士論文生死觀相關題目研究分析一覽表

說明：

1. 以國家圖書館全國博碩士論文資訊網查詢論文題目作爲研究現況調查，所用的查詢詞：「生死觀」、「生死智慧」、「生命觀」、「生命思想」得到結果如表列。（查詢日 2008 年 3 月 22 日）
2. 共得四十篇，博士論文二篇：一爲道家，一爲佛教。餘則三十八篇碩士論文。
3. 有二篇跨類，在論文上各標記＊、※，故分類數四十二篇。儒家五篇；道家道教十三篇；佛教十一篇；其他類十三篇，內括文學人物七篇。
4. 年度分布：民國 70～79 年三篇；80～89 年十二篇；90～99 年二十五篇。
5. 系所分布有中文系（含國文、文學、語文系所）十七篇；生死學八篇；哲學系六篇；教育系所五篇；宗教學三篇；英語所一篇。

| 類／數 | 儒　　家 | 道家、道教 | 佛　　教 | 其他類<br>文學家等人物 |
| --- | --- | --- | --- | --- |
| 1 | 唐君毅論道德理性與生死觀之研究<br><br>國立成功大學<br>中國文學系<br>85／碩士<br>研究生：施穗鈺 | 《黃帝內經》的生死觀研究<br><br>玄奘人文社會學院<br>宗教學研究所<br>91／碩士<br>研究生：劉秋固 | 憨山大師《莊子內篇註》之生死觀研究<br><br>玄奘大學<br>中國語文學系<br>93／碩士<br>研究生：王玲月 | 魏晉文學之生死觀研究——以阮籍・陸機・陶淵明爲例<br><br>南華大學<br>文學研究所<br>91／碩士<br>研究生：戴士媛 |

| | | | | |
|---|---|---|---|---|
| 2 | 《論語》中所蘊涵之生死觀<br>國立高雄師範大學<br>國文學系<br>90／碩士<br>研究生：羅子翔 | 《老》《莊》生死觀研究<br>國立中山大學<br>中國語文學系研究所<br>90／碩士<br>研究生：蘇慧萍 | 宋代居士生死觀之現代意義——以《淨土聖賢錄》為主的考察<br>南華大學<br>生死學研究所<br>96／碩士<br>研究生：李明勳 | 一位中學護理教師自我生死觀轉變之探索——以前世今生回溯經驗之敘說研究為取向<br>南華大學<br>生死學研究所<br>91／碩士<br>研究生：張玉燕 |
| 3 | ＊儒道生死觀對生命教育的啓示之研究<br>國立臺東大學<br>教育研究所<br>94／碩士<br>研究生：歐陽國榮 | 從老莊生死觀探討國小兒童的死亡教育<br>國立屏東師範學院<br>國民教育研究所<br>86／碩士<br>研究生：程安宜 | 佛教的生死觀——從天台智顗的心靈哲學看生死解脫<br>南華大學<br>哲學研究所<br>95／碩士<br>研究生：周鶴庭 | 台灣閩南諺語的生死觀<br>國立屏東教育大學<br>中國語文學系碩士班<br>95／碩士<br>研究生：許淑慧 |
| 4 | 從古代的生命禮儀透視其生死觀：以《禮記》為主的現代詮釋<br>國立臺灣師範大學<br>國文研究所<br>81／碩士<br>研究生：林素英 | ＊儒道生死觀對生命教育的啓示之研究<br>國立臺東大學<br>教育研究所<br>94／碩士<br>研究生：歐陽國榮 | 佛教生死觀研究——以《涅槃經》為中心之探討<br>南華大學<br>文學研究所<br>94／碩士<br>研究生：曾長安 | 撒姆爾．巴特勒生死觀研究<br>國立臺灣師範大學<br>英語研究所<br>75／碩士<br>研究生：張漢鈿 |
| 5 | ※先秦生死觀研究<br>輔仁大學<br>中國文學研究所<br>73／碩士<br>研究生：全明鎔 | 先秦道家之生死觀研究——以《老子》《莊子》為核心的展開<br>國立臺灣師範大學<br>國文學系在職進修碩士班<br>94／碩士（Master）<br>研究生：呂蕙黛 | 初期佛教生死觀之哲理試探——以緣起理論為核心之探索<br>南華大學<br>生死學研究所<br>92／碩士<br>研究生：黃瑞凱 | 元雜劇中的生死觀探討<br>國立臺灣師範大學<br>國文學系在職進修碩士班<br>91／碩士<br>研究生：黃惠君 |
| 6 | | 莊子生死觀對死亡教育的啓示<br>國立臺灣師範大學<br>教育學系<br>84／碩士<br>研究生：蘇雅慧 | 宗喀巴三士道思想中的生死觀——以《菩提道次第廣論》為主之探討<br>南華大學<br>生死學研究所<br>92／碩士<br>研究生：林士倚 | 舍勒生死觀研究<br>輔仁大學<br>宗教學系<br>87／碩士<br>研究生：謝宜錦 |
| 7 | | 從莊子生死觀論現代環保自然葬<br>華梵大學<br>哲學系碩士班<br>93／碩士<br>研究生：許孟娟 | 老年佛教徒的生死觀之研究～以彌陀淨土法門為例<br>南華大學<br>生死學研究所<br>93／碩士<br>研究生：黃俊福 | 王充生死觀之研究<br>輔仁大學<br>哲學研究所<br>83／碩士<br>研究生：連小萍 |

| | | | | |
|---|---|---|---|---|
| 8 | | 《莊子》生死觀研究<br><br>臺灣大學<br>哲學研究所<br>93／碩士<br>研究生：鄭鈞瑋 | 雜阿含經的生死觀<br><br>南華大學<br>生死學研究所<br>90／碩士<br>研究生：黃齡瑩 | 黃庭堅遷謫時期之生死智慧研究<br><br>南華大學<br>生死學研究所<br>93／碩士<br>研究生：鍾美玲 |
| 9 | | 莊子生死觀研究<br><br>輔仁大學<br>中文系<br>88／碩士<br>研究生：李宗蓓 | 印順法師的生命觀及其生命教育義蘊<br><br>國立臺灣師範大學<br>教育學系<br>95／博士（Doctor）<br>研究生：王秉倫 | 嵇康生命觀之研究<br><br>國立嘉義大學<br>中國文學系研究所<br>94／碩士<br>研究生：蘇秋旭 |
| 10 | | ※先秦生死觀研究<br><br>輔仁大學<br>中國文學研究所<br>73／碩士<br>研究生：全明鎔 | 原始佛教之生命觀<br><br>中國文化大學<br>哲學研究所<br>88／碩士<br>研究生：李宗興 | 名教自然與士的自覺——從《世說新語》看魏晉士人的生命觀<br><br>彰化師範大學<br>國文學系在職進修專班<br>91／碩士<br>研究生：鄭惠玲 |
| 11 | | 太平經生命觀之研究<br><br>南華大學<br>宗教學研究所<br>92／碩士<br>研究生：羅正孝 | 原始佛教「緣起」生命觀在現代教育的蘊義<br><br>國立臺灣師範大學<br>教育學系<br>85／碩士<br>研究生：歐俊明 | 整體生命觀：以靈性經驗爲中心的生態學觀點<br><br>南華大學<br>生死學研究所<br>88／碩士<br>研究生：黃鈺云 |
| 12 | | 先秦道家老莊生命思想研究<br><br>國立高雄師範大學<br>國文學系<br>92／博士<br>研究生：柳秀英 | | 盛唐詩人生命觀之研究<br><br>中國文化大學<br>中國文學研究所<br>88／碩士<br>研究生：陳威伯 |
| 13 | | 莊子生命思想之研究<br><br>中國文化大學<br>哲學研究所<br>75／碩士<br>研究生：張明月 | | 三曹時代北地文士「惜時生命觀」研究——以建安七子與曹氏父子之詩歌爲研究對象<br><br>國立中興大學<br>中國文學系<br>87／碩士<br>研究生：丁威仁 |

# 附錄二　王船山《莊子解》外雜篇各篇考釋

## 一、《莊子解》外篇各篇考釋

| 外篇名 | 釋旨義 | 相關篇名 | 內容大要 | 作者 | 評　價 | 備註 |
|---|---|---|---|---|---|---|
| 〈駢拇〉 | 「爲善無近名，爲惡無近刑」之旨，其言「至正」，言「常然」，亦與「緣督爲經」相近。 | 〈養生主〉 | 何爲「至正」，何爲「常然」，皆不能以微言達之；且詆訶曾、史、伯夷，以是其所是，非其所非，矜氣以固其封畛。 | 非莊子之言。 | 而徒非斥仁義，究竟無獨見之精。 | 劉笑敢分析爲（以下略稱爲劉）：無君派 |
| 〈馬蹄〉 | 引老子無爲自正之說而長言之。 | | | | 蓋懲戰國之紛紜，而爲憤激之言，亦學莊者已甚之成心也。 | 劉：無君派 |
| 〈胠篋〉 | 引老子「聖人不死，大盜不止」之說，而鑿鑿言之。 | | | | | 劉：無君派 |
| 〈在宥〉 | 天唯無不在、無不宥，故陰陽不毗，節宣自應其候。〈在宥〉天下者，喜怒忘於己，是非忘於物，與天合道而天下奚不治，又奚治邪？ | | * 在之宥之，則無爲而無不爲矣。<br>* 立體莫善於在，而適用莫善於宥。 | 非莊子之書 | 言有條理，意亦與內篇相近，而間雜老子之說，滯而不圓，猶未得乎象外之旨。 | 〈在宥上〉劉：無君派<br>〈在宥下〉劉：黃老派 |

| 〈天地〉 | 暢言無爲之旨。 | 有與〈應帝王〉篇相發明者。 | | | 於外篇中，斯爲邃矣。 | 劉：黃老派 |
|---|---|---|---|---|---|---|
| 〈天道〉 | 有與莊子之旨迥不相侔者，特因老子守靜之言而演之，亦未盡合于老子。 | | 此篇以無爲爲君道，有爲爲臣道，則剖道爲二，而不休於天鈞。且既以有爲爲臣道矣，又曰「以此南鄉，堯之爲君也；以此北面，舜之爲臣也」，則自相刺謬，而非若內篇雖有隨掃之說，終不相背戾也。 | 蓋秦漢間學黃老之術、以干人主者之所作也。 | 無爲固老莊之所同尙，而莊子抑不滯於無爲，故其言甫近而又遠之，甫然而又否之，不示人以可踐之跡。而此篇之說，滯於靜而有成心之可師，故其辭卞急煩委，以喉息鳴，而無天鈞之和。 | 劉：黃老派 |
| 〈天運〉 | 以自然爲宗。 | | 人無不可任，天無不可因，物無不可順。至於順物之自然，而後能使天下安於愚而各得。 | | | 劉：黃老派 |
| 〈刻意〉 | 〈養生主〉、〈大宗師〉緒餘之論，而但得其跡耳。 | 〈養生主〉<br>〈大宗師〉 | 此篇之指歸，則嗇養精神爲干越之劍，蓋亦養生家之所謂「煉己鑄劍」，「龍吞虎吸」鄙陋之教，魏伯陽、張平叔、葛長庚之流，以之亂生死之常，而釋氏且訶之爲守尸鬼；雖欲自別於導引，而其末流亦且流爲鑪火彼家之妖妄，固莊子所深鄙而不屑爲者也。 | | * 文詞軟美膚俗，首尾結構一若後世科場文字之局度，以視內篇窮神寫生靈妙之文，若厲與西施之懸絕。<br>* 其言膚淺，合於俗目，凡沈沒于時文者，皆能解之，故不爲釋。 | 劉：黃老派 |
| 〈繕性〉 | 與〈刻意〉之旨略同。 | | 恬知交養，爲有合於莊子之指，而語多雜亂，前後不相侔。其要歸不以軒冕爲志，而歎有道之人不興而隱處。 | | 莊子雖非無其情，而固不屑言此以自隘。蓋不得志於時者之所假託也。文亦滑熟不足觀。 | 劉：黃老派 |
| 〈秋水〉 | 因〈逍遙遊〉、〈齊物論〉而衍之。 | 〈逍遙遊〉<br>〈齊物論〉 | 推言天地萬物初無定質，無定情，擴其識量而會通之，則皆無可據，而不足以攖吾心之寧矣。 | | | 劉：述莊派 |
| 〈至樂〉 | | | 莊子曰：「奚暇至於悅生而惡死」，言無暇也，非以生不可悅，死不可惡爲宗，尤非以悅死惡生爲宗；哀樂不入其中，彼固有所存者在也。 | | 以死爲大樂，蓋異端褊劣之教多有然者，而莊子尙不屑此。此蓋學於老莊，掠其膚說，生狂躁之心者所假託也，文亦庸沓無生氣。 | 劉：述莊派 |

| | | | | | | |
|---|---|---|---|---|---|---|
| 〈達生〉 | 於內篇〈養生主〉、〈大宗師〉之說，獨得其要歸。 | 〈養生主〉〈大宗師〉 | 此篇揭其綱宗于「能移而相天」，然後見道之不可不知，而守之不可不一，則內篇所云者，至此而後反要而語極也。 | | * 外篇中尤為深至。<br>* 雖雜引博喻，而語脈自相貫通；且其文詞沈邃，足達微心；雖或不出於莊子之手，要得莊子之眞者所述也。 | 劉：述莊派 |
| 〈山木〉 | 引〈人間世〉之旨，而雜引以明之。 | 〈人間世〉 | | | | 劉：述莊派 |
| 〈田子方〉 | 以忘言為宗，其要則〈齊物論〉「照之以天」者是也 | 〈齊物論〉 | | | | 劉：述莊派 |
| 〈知北遊〉 | 衍自然之旨 | 〈大宗師〉 | 其云觀天者，即天運篇六極五常而非有故之謂也。言道者，必有本根以為持守；而觀渾天之體，渾淪一氣，即天即物，即物即道，則物自為根而非有根，物自為道而非有道。 | | | 劉：述莊派 |

## 二、《莊子解》雜篇各篇考釋

| 雜篇名 | 釋義 | 相關篇名 | 內容大要 | 作者 | 評　價 | 備註 |
|---|---|---|---|---|---|---|
| 〈庚桑楚〉 | 籠罩極大，〈齊物論〉所謂「休之以天均」也。 | 〈齊物論〉 | 朝徹之見，與天均而合體。則食乎地，樂乎天，與宇俱實，與宙俱長，宇泰以養天光，不待息而自息。此衛生之經，以忘生為大用也。 | | | 劉：述莊派 |
| 〈徐无鬼〉 | 蓋老氏所謂「上德不德」者盡之矣。 | | 惟忘德以忘己，忘己以忘人，而人各順於其天，己不勞而人自正，所謂「不德」之「上德」也。內以養其生，外以養天下，一而已矣。 | | | 劉：述莊派 |
| 〈則陽〉 | （未釋） | | | | 〈則陽〉、〈外物〉、〈列禦寇〉三篇，皆雜引博喻，理則可通而文義不相屬，故謂之雜。要其於內篇之指，皆有所合，非〈駢拇〉諸篇之比也。 | 劉：述莊派 |

| | | | | | | |
|---|---|---|---|---|---|---|
| 〈外物〉 | （未釋） | | | | | 劉：述莊派 |
| 〈寓言〉 | 內外雜篇之序例。 | | 發明其終日言而未嘗言之旨，使人不泥其跡，而一以天均遇之，以此讀內篇，而得魚兔以忘筌蹄，勿驚其爲河漢也，此篇與〈天下〉篇乃全書之序例。 | 莊子 | | 劉：述莊派 |
| 〈讓王〉 | （未釋） | | | | | 劉：無君派 |
| 〈盜跖〉 | （未釋） | | | | | 劉：無君派 |
| 〈說劍〉 | （未釋） | | | | | 劉：去除在三派之外 |
| 〈漁夫〉 | （未釋） | | | | | 劉：無君派 |
| 〈列禦寇〉 | 大率以內解爲主，以葆光不外炫爲實，以去明而養神爲要，蓋莊子之緒言也。 | | | | * 所引雖駁雜，有精粗之異，而要可相通。<br>* 抑莊子之言，博大玄遠，與天同道，以齊天化，非區區以去知養神，守其玄默。而此篇但爲浮明外侈者發藥，未盡天均之大用，故曰莊子之緒言也。 | 劉：述莊派 |
| 〈天下〉 | 系此於篇終者，古人撰述之體然也。 | | 己之論亦同於物之論，無是則無彼，而凡爲籟者皆齊也。若其首引聖六經之教，以爲大備之統宗，則尤不昧本原，使人莫得而擿焉。乃自墨至老，褒貶各殊，而以己說綴于其後，則亦表其獨見獨聞之眞，爲群言之歸墟。<br>至其篇末舉惠施以終之，……或因惠子而有內七篇之作，因末述之以見其言之所繇興。 | 莊子 | 或疑此篇非莊子之自作，然其浩博貫綜，而微言深至，固非莊子莫能爲也。 | 劉：黃老派 |

# 附錄三　王船山簡譜及著作年表〔註 1〕

說明：

1. 分期以曾昭旭《王船山哲學》第一編〈船山之生平〉的分期法，分爲二十四歲之前受父兄教訓成材時期，二十四至三十五歲爲國事奔走時期及三十五歲以後歸隱著作時期。唯分期的標語，采用施盈佑〔註 2〕的用語。
2. 由於船山撰書、完稿、及重訂時間在各年譜或考訂上可能有不同的說法，若有爭議之處，則根據船山著作慣例及義理發展的可能性納入年表中。
3. 本論文出現的生平紀事，例如船山何時開始道教內丹修煉，在納入簡譜時，則采概括之年，也許可能早於此時。惟推論或考訂過程見各章論文內容，兼以註標示。

| 分期 | 西元 | 年齡 | 生　　平　　紀　　事 | 著　作　年　表 |
| --- | --- | --- | --- | --- |
| 奮發爲學尋功名 | 1619 | 1 | 生於明萬曆四十七年。 | |
| | 1622 | 4 | 入家塾，從長兄石崖先生讀書。 | |
| | 1625 | 7 | 從長兄石崖受讀，學畢《十三經》。 | |
| | 1627 | 9 | 父武夷先生家居，船山稟承庭訓。 | |
| | 1632 | 14 | 考中衡陽秀才，並且入縣學深造。 | |

〔註 1〕本表除了參考曾昭旭：《王船山哲學》外，還有王孝魚：《船山學譜》（臺北：廣文書局，1975 年）；張西堂：《明王船山先生王夫之年表》（臺北：臺灣商務印書館，1978 年）；劉志盛、劉萍：《王船山著作叢考》（湖南：湖南人民出版社，1999 年）。以及《船山全書》第十六冊〈傳記之部〉與〈年譜之部〉的材料而成。

〔註 2〕施盈佑：《王船山莊子學研究——論「神」的意義》（臺中：靜宜大學中國文學系碩士論文，2006 年），頁 128～131。

| 奮發為學尋功名 | 1633 | 15 | 與其兩位兄長（石崖、磁齋），共往武昌應鄉試，然而未能及第。 | |
|---|---|---|---|---|
| | 1634 | 16 | 跟從叔父王廷聘開始學爲詩，始從里中和四聲者問韻，閱古今人所作詩不下十萬。 | |
| | 1636 | 18 | 湖廣提學僉事水佳允佳試衡州府，船山列一第第一名。再與長兄共應武昌鄉試，然落第。 | |
| | 1637 | 19 | 從牧石先生讀史。 | |
| | 1638 | 20 | 娶元配陶孺人，讀書岳麓，加入友人廣鵬升所組之「行社」。 | |
| | 1639 | 21 | 與郭鳳躚、管嗣裘等人初集匡社。與兩位兄長赴武昌鄉應鄉試，落第。 | |
| | 1642 | 24 | 湖廣提學僉事高世泰科試衡郡，船山列爲一等。又刑部郎中蔡鳳，徵會文課，船山蒙特獎。是年，與長兄再赴武昌應試，以春秋中式第五名掄魁。 | |
| 爲國奔走欲抗清 | 1643 | 25 | 張獻忠十月陷衡州，得武夷先生，船山自刺身作重創，傅以毒藥，舁至賊所，與父兄得脫於難。 | |
| | 1644 | 26 | 清兵入關，遭逢國變，作〈悲憤詩〉。 | 〈悲憤詩〉 |
| | 1645 | 27 | 居「續夢庵」，聞福王降，續〈悲憤詩〉一百韻。 | 〈續悲憤詩〉 |
| | 1646 | 28 | 讀《周易》，且受父命編撰《春秋家說》，而元配陶氏亦在是年逝世。 | 《周易稗疏》〔註 3〕、〈陶孺人像贊〉、〈悼亡詩〉 |
| | 1648 | 30 | 與管嗣裘等人衡山起義，兵敗。 | |
| | 1649 | 31 | 認識方以智。 | |
| | 1650 | 32 | 受瞿式耜之推荐，擔任永曆政權的「行人司行人」，娶繼室鄭孺人。 | |
| | 1651 | 33 | 由桂林返回衡陽。 | |
| | 1652 | 34 | 徙居耶薑山側。 | |
| 歸隱山林疏百經 | 1653 | 35 | | 〈章靈賦〉 |
| | 1654 | 36 | 變姓名爲猺人，隱於常甯西莊園。爲常人說《易》，爲船山講學之始。 | |
| | 1655 | 37 | 是年春，客寓興寧晉寧寺，且爲從遊者說解《春秋》。 | 《周易外傳》、《老子衍》 |
| | 1656 | 38 | 居常寧西莊園，冬還衡陽雙髻峰。子敔生。 | 《黃書》 |
| | 1657 | 39 | 是年夏，徒居衡陽蓮花峰下之續夢庵。 | |

〔註 3〕船山著作凡《考異》大約晚於《稗疏》，即先《稗疏》再《考異》，見張西堂：《明王船山先生王夫之年表》（臺北：臺灣商務印書館，1978 年），頁 177。

| 歸隱山林疏百經 | 1658 | 40 | | 〈家世節錄〉 |
|---|---|---|---|---|
| | 1660 | 42 | 徙居湘西金蘭鄉，造小室「敗葉廬」 | |
| | 1661 | 43 | 繼室鄭孺人（王敔母）卒。 | 〈來時路悼亡詩〉、〈岳峰悼亡詩〉、〈續哀雨詩〉 |
| | 1662 | 44 | 聞明桂王被執，作三續〈悲憤詩〉。 | 三續〈悲憤詩〉 |
| | 1663 | 45 | 《遣興詩》、《廣遣興詩》中已有不少丹語，並自稱「一瓠道人」，據此推論船山四十多歲已開始道教內丹修煉工夫。〔註4〕 | 《尚書引義》、《遣興詩》、《廣遣興詩》 |
| | 1665 | 47 | | 《讀四書大全說》〔註5〕 |
| | 1666 | 48 | 唐端笏就學門下，從此以講學著述爲務。 | 《四書訓義》 |
| | 1668 | 50 | | 《春秋家說》、《春秋世論》 |
| | 1669 | 51 | 娶張孺人。<br>冬構草菴開南窗，題曰觀生居。自題堂聯：「六經責我開生面，七尺從天乞活埋。」 | 《五十定稿》、編《續春秋左傳氏博議》、〈觀生居銘〉 |
| | 1671 | 53 | 好友方以智屢勸先生逃禪，船山不應。 | 〈極丸老人書所示劉安禮詩垂寄情見乎詞愚一往吶吃無以奉答聊次其韻述懷〉、作〈前愚鼓樂夢授鷓鴣天詞〉十首，〈後愚鼓樂譯夢漁家傲詞〉十六首，和〈和青原藥地大師十二時歌〉十二首。編《愚鼓歌》一卷。 |
| | 1672 | 54 | 方以智卒，船山哭之〔註6〕。<br>重訂《老子衍》。 | 《詩廣傳》（約寫成 1671～1672 年） |
| | 1673 | 55 | 唐端笏攜《老子衍》重定稿，歸于家，不戒于火，遂無副本。 | 《老子衍》重訂稿毀於火 |
| | 1674 | 56 | 三藩抗清，船山走訪上湘、衡山、洞庭等地。 | |
| | 1675 | 57 | 於石船山築「湘西草堂」；以所注《禮記》授之章有謨。 | 撰授《禮記》 |

〔註 4〕見第六章第四節〈遠遊修性養命之術在安死自靖中的意義〉。另有一說法在時間上推得比較早：吳立民、徐蓀銘在〈論船山既闢佛道又入佛道、傳佛道〉一文中，認爲船山煉功實踐，從其著作看，似在三十六歲前後，避兵零陵山區，居耶薑山中，著《老子衍》、《周易外傳》時即已開始，頁 64～65。收入《王船山學術研討會論文集》（臺北：輔仁大學出版社印行，1993 年）。

〔註 5〕《四書訓義》、《四書箋解》當作於《讀四書大全說》之後，二書皆爲授徒而作。

〔註 6〕傳聞方以智薨于泰和蕭氏春浮園，船山寫〈聞極丸翁凶問不禁狂哭痛定輒吟二章〉及〈廣哀詩——青原極丸老人前大學士方公以智〉悼哀之。

| 歸隱山林疏百經 | 1676 | 58 | | 《周易大象解》 |
|---|---|---|---|---|
| | 1677 | 59 | | 完成《禮記章句》 |
| | 1678 | 60 | 拒替吳三桂寫〈勸進表〉，而迫走深山。 | 〈祓禊賦〉 |
| | 1679 | 61 | 避兵於櫨林山中。 | 《莊子通》、《六十自定稿》 |
| | 1681 | 63 | 自觀生居歸湘西草堂。爲先開上人訂《相宗絡索》。爲門人說《莊子》。 | 《相宗絡索》、《莊子解》 |
| | 1682 | 64 | | 《說文廣義》、《噩夢》 |
| | 1683 | 65 | | 重訂《詩廣傳》、《經義》 |
| | 1684 | 66 | | 《俟解》 |
| | 1685 | 67 | | 《楚辭通釋》、《周易內傳》、完成《張子正蒙注》 |
| | 1686 | 68 | 正月三十日，船山胞兄王介之病逝，船山抱病奔喪陽長樂鄉。 | 《周易內傳發例》、《傳家十四戒》、《石崖公傳略》、《爲家兄作傳略已示從子敀》 |
| | 1687 | 69 | 始撰《讀通鑑論》。 | |
| | 1688 | 70 | 重定《尚書引義》。編定《七十自定稿》，並作序。 | 重定《尚書引義》、《南窗漫記》、《七十自定稿》 |
| | 1689 | 71 | 因年老衰病，船山自稱「船山病叟」，或「衰病老人」。<br>九月，劉思肯爲其畫像，先生親篇自題小照。 | |
| | 1690 | 72 | 《夕堂永日緒論．序》云：「閱古今人所作詩不下十萬，經義亦數萬首，既乘山中孤寂之暇，有所點定，因論其大約如此。」 | 《夕堂永日緒論》、編定各種詩編各種詩文評選、重訂《正蒙注》 |
| | 1691 | 73 | 王敔在〈大行府君行述〉曾言「年七十三，久病喘嗽，而吟誦不衰。」 | 《宋論》、《讀通鑑論》、〈船山記〉 |
| | 1692 | 74 | 春正月初二日卒，葬衡陽縣金蘭鄉高節里大羅山。 | |